孩子18岁前，父亲要做的50件事

潘福江 / 编著

Haizi 18suiqian Fuqing Yaozuo De 50jianshi

中国华侨出版社

U0460639

图书在版编目(CIP)数据

孩子 18 岁前,父亲要做的 50 件事／潘福江编著. — 北京：中国华侨
出版社, 2013.1

ISBN 978-7-5113-3142-7

Ⅰ. ①孩… Ⅱ. ①潘… Ⅲ. ①青少年教育-家庭教育
Ⅳ.①G78

中国版本图书馆 CIP 数据核字(2012)第 299437 号

孩子 18 岁前,父亲要做的 50 件事

编　著	潘福江	
责任编辑	文　筝	
项目策划	紫英轩文化	
经　销	新华书店	
开　本	710×1000 毫米　1／16　印张／17　字数／180 千字	
印　刷	北京中振源印务有限公司	
版　次	2014 年 2 月第 1 版　2018 年 1 月第 2 次印刷	
书　号	ISBN 978-7-5113-3142-7	
定　价	39.80 元	

中国华侨出版社　北京市朝阳区静安里 26 号通成达大厦 3 层　邮编 100028
法律顾问:陈鹰律师事务所
编辑部:(010)64443056　64443979
发行部:(010)64443051　传真:(010)64439708
网　址:www.oveaschin.com
e-mail:oveaschin@sina.com

前 言
Prface

写给父亲的话

有一种计算机游戏,游戏本身是有剧情的,在每个小故事告一段落时会向游戏者提问,再根据游戏者的选择提供后续的剧情发展。游戏的吸引人之处就在于,不同的选择会衍生出完全不同的情节。

请试想一下,自从你家宝贝来到人世间,养育到现在的过程是不是也像在玩这种游戏? 在培育他的过程中你们遇到了很多选择,选择这个是一条路,选择那个是另一条路。你选择了什么样的教育方式,注定就会培养出什么样的孩子。在游戏中,如果你不喜欢所选择的路,可以推翻了重来,但是培育孩子可容不得人重来一次。

1~18 岁是孩子身心成长的最关键时期,每一处选择都要细细斟酌。因为过了这个时期,孩子的性格基本已经定型,即使你后悔,也已经无从选择了。因此,孩子 18 岁前,父母在他成长的每一步上都要用心教育。孩子在小树苗时就长得正,将来才能挺拔向上,撑起一方阴凉。

本套书由《孩子 18 岁前,父亲要做的 50 件事》和《孩子 18 岁前,母亲要做的 50 件事》组成。每本书从独特的视角,分别点出了在孩子成长过程中父母应做的 50 个"大事件"。

其中,本书是针对父亲在孩子成长中扮演的角色,专门为父亲们列出的"大事表"。父亲是孩子眼中的山,伟岸、挺拔。父亲对于孩子的影响常常是在默默无语中,带着厚重的却不言说的爱,看似淡淡的,却总在最后让孩子发现影响的深远。

本书借助 50 件父亲该做的事,蕴涵着深刻的教育理念,50 件事件件都是从小处着手,培养的却是孩子的大品质。

也许你还没有一个培养孩子的规划表,那不妨就把这 50 件事贴在床头;

也许你的规划表已经十分详尽，却不一定科学，那就与这本书对照一下，取其共同，研究不同，分析哪种思路更适合你家的宝贝。

这不是一本理论书籍，编者也不是什么"专家"，这是一本实用性强的"计划书"；

这不是一份纲领性的指导大纲，这是一张落实到最细微的小事的提醒清单；

这不是一本"红宝书"，这是集合了众多父亲智慧的经验之作。

在这本书里，你看到的不是教条式的"1、2、3"，而是发生在自己孩子身上的活生生的实例。你不会再有看到某个教育理念大感认同但到了实际中却无用武之地的郁闷，你只要按照这 50 条一一执行，保证你能教出一个人人交口称赞的好孩子。

孩子 18 岁之前，只要你做了这 50 件事，他会学会照顾自己，成长之路无须别人搀扶；

孩子 18 岁之前，只要你做了这 50 件事，他会学会感恩，人生中更知感念众多出现在他生命中的人；

孩子 18 岁之前，只要你做了这 50 件事，他会学会礼节，做个众人眼中彬彬有礼的好孩子；

孩子 18 岁之前，只要你做了这 50 件事，他会学会付出，点燃自己的一颗博爱的心；

孩子 18 岁之前，只要你做了这 50 件事，他会学会认知，比同龄人了解更多关于自然和社会的知识；

孩子 18 岁之前，只要你做了这 50 件事，他会学会修炼自己，拥有更完善的人格；

孩子 18 岁之前，只要你做了这 50 件事，他会学会磨砺自己，在困难面前毫不畏惧；

孩子 18 岁之前，只要你做了这 50 件事，18 岁以后的路，他自己就可以顺顺利利、昂首阔步地走下去。

希望看到这本书的父亲，不要让孩子错过 18 岁前决定他人生命运的这 50 堂课。

目 录
Contents

自立篇

　　一个人生于世上，首先要学会自立，然后方能成为一个大写的"人"。

　　自立对于孩子来说是十分重要的能力，是孩子立足于社会的重要根基。孩子总有一天要离开父母的庇护而独自翱翔，因此，父母应该做的不是每天背负着孩子去飞，而是磨炼他的翅膀，让他去见识广阔的蓝天。

　　独立自主的生活，需要父母"舍得"将孩子放手。有"舍"才有"得"，你肯藏起一半的爱，孩子才能将自己的筋骨练得更强壮。

　　　　　　夫仁者，己欲立而立人，己欲达而达人。

　　　　　　　　　　　　　　　　　　　　——《论语》

1 帮孩子描绘一张关于未来的蓝图

八岁的贝丝刚从美术特长班回来，一进门就把画板扔到了地上。爸爸急忙迎上去："怎么了？谁惹着我们的小画家了？"

"爸爸，我不是小画家！我不喜欢画画，一点儿也不！"贝丝头一回冲爸爸吼。原来她今天在特长班里出糗了。今天的课是静物画，画的内容是两只陶罐。她觉得无聊极了，心不在焉地画着。谁知道最后老师居然将她的作品展示给大家看，说她把陶罐画成了南瓜。贝丝好不容易挨到下课，气鼓鼓地回来了。

每个周六，贝丝上午要去上美术特长班，下午要去学芭蕾舞。她觉得这一切都讨厌极了，可是爸爸妈妈非要让她去。爸爸说，他把烟酒都戒了，省下钱来给她报各种班，都是为了她的将来……

"将来"，好一个"将来"！这种毫无计划的教育只能换来一个毫无章法、毫无快乐的将来！

现在的家长"望子成龙"的心情都十分迫切。从 3 岁起，孩子就被送去参加各种各样的辅导班，学绘画、学钢琴、学舞蹈。家长恨不得将"十八般武艺"统统附加在自己孩子身上。可是，哪位家长在拼命给孩子往脑袋里塞东西之前静下心来想过，孩子成才不光要靠家长的教育和孩子的努力，还要靠设计，也就是人生规划。这就好比盖楼，不能一上来闷着头只顾添砖加瓦，盖楼之前先要有一张设计蓝图。如果没有这张蓝图，你知道你的孩子适合哪块砖头、哪张瓦砾？

关于孩子的人生规划，有位教育专家曾专门举办过一次家长会，问了家长这样几个问题。

问题一：你对自己的孩子了解多少？

看到这个问题，你可能会觉得可笑："这不是多此一问吗？我看着自

己的孩子长大的，还能不了解他？我什么都了解！"先别急着下结论，像琼瑶的父亲一样，你还真的未必了解你的孩子。

当年《还珠格格》红透大江南北的时候，其作者琼瑶可谓无人不知无人不晓。琼瑶小时候学习成绩很一般，与成绩优异的姐姐比起来，一点都不讨父亲的欢心。父亲见到她只是摇头。然而这位做父亲的怎么也想不到，他的女儿其实文采斐然，创作的小说最终风靡整个华语地区，在写作和影视方面都做出了不俗的成绩。当年琼瑶买了一套别墅送给父亲，父亲不禁有感而叹："想不到原来担心最没出息的最后却最有出息！"

其实每个孩子都有自己独特的能力，如果你能够慧眼识"珠"，注意帮他发掘和培养他的长处，让孩子在以后的人生路上注意扬长避短，就一定会有所建树；反之，如果你不了解自己的孩子，在他小时候"填鸭式"地对他进行教育或者不恰当地发展了他的短处，那他在以后的事业中可能极为吃力。

问题二：你是不是正在走入以下误区？

误区一——盲目随大流

如今家家大多一根独苗，做家长一般都没什么经验可谈。很多家长采取的是跟风式的教育方式。往往别家的孩子学什么，自己就送孩子去学什么。你是否也是一样，在给孩子报各种学习班之前，忘了低下头来问一句："孩子，你愿意学××吗？"

误区二——迷信名牌

家长送孩子上学，从幼儿园到大学，齐刷刷全想要名牌。幼儿园非双语的不要，小学、中学非重点的不要，大学非 211、985 不要。你想法设法把孩子送进了最一流的学校，你觉得在那里他一定可以接受最一流的教育，可是你问过他是否适应那里的环境和节奏吗？孩子不适应，再好的环境也造就不出英才。

误区三——只顾填鸭，不择方向

如今的孩子本来在学校就学习压力大如山，家长还一个劲地加压，督促他拼命学习。孩子最后变成了一个口袋，装满了知识，却不知道该用在哪方面。高考前高负荷的作业，考场上一笔定乾坤，考完了，孩子茫然地跟你说："爸爸你帮我选个志愿吧。"你是否也是这样，在孩子成长的路上，只是拿着小皮鞭鞭策他向前向前，可是前方在哪里，恐怕孩子不知道，你也没想过。

问题三：你了解国外流行的人生规划吗？

所谓人生规划就是一个人根据社会发展的需要和个人发展的志向，对自己未来的发展道路做出一种预先的策划和设计。这在国外已经形成一股潮流。

国外在教育孩子上与我们大不同之处就是，他们十分注重孩子的人生规划。有人曾在美国康狄尼格州的一所小学搞过一次调查，调查问卷收上来后，结果让人吃惊。小学五年级的学生对自己的未来已经有一个非常清晰和可操作的方向。有一位学生写着，毕业后先去日本从事游戏开发行业，再转到机器人技术一行。他对自己在这方面的天赋很有信心。还有一位学生，寥寥数语，但是目标十分明确，那就是去麻省理工学院专修工程学专业。试问，我们国内的小学生有几个能达到这种程度？取而代之的大多是每天用稚嫩的肩膀背着沉重的书包，行走在家与学校之间，步履匆匆，眼神迷茫，不知道自己的未来在哪里。

在西方发达国家，孩子到了初中以后，就几乎都有了自己明确的奋斗目标了。到了高中，他们可以选修自己喜欢的课程，为进大学或者将来就业做准备。比如准备上一流大学，就要选难度较高的数学和多门语言；只准备上一般大学的话，就可以选择比较轻松的课程，这些主动权都是握在家长和孩子手中的。他们要求孩子对自己进行实实在在的职业规划。

问题四：你了解如今社会上的就业情况吗？

实际上，你的孩子将来走哪条路，除了要看他自己的兴趣外，还需要父母提前去做大量的了解和准备。首先，你要"与时俱进"，观察各种职业的社会需求和社会待遇；其次，还要留心各类职业的要求，一旦发现孩子对这方面感兴趣就顺向培养，定能事半功倍；再次，确定孩子在某一方面的才能后，还要了解和研究这一职业将来的发展趋势，以免"热门"变成"冷门"，吃香的"鸡腿"变成难以可口的"鸡肋"。

这四个问题给出答案以后，聪明的父亲都会意识到，给孩子设计人生要提上家庭的议事日程了。在家里，也许是孩子的妈妈为了"培养"孩子更省吃俭用，这时候你就要站出来了，培养孩子向更大的方向发展还是要由你指出："我们不应该只是采取填鸭式的教育，为孩子的教育投资应该见到更大价值的收益。第一要做的，就是要帮孩子描绘一张未来蓝图。"

♥ 写给父亲的一封信

如何帮孩子描绘出这一幅蓝图呢？

第一步：询问孩子。

美国的职业咨询专家约翰·霍兰德说："虽然过去数十年做了许多研究，但是最有效的方法其实很简单，就是直接问当事人想要做什么。"

你首先要帮助孩子明确两点，一是他最喜欢的事情，二是他最擅长的事情。尼克森是韩国一家成功的大型游戏企业，年销售额高达 600 万亿韩元。其前任 CEO 徐元日先生在年仅 20 岁时已经掌管该公司。当被记者问到其成功秘诀时，徐元日先生回答："与其走别人走过的道路，不如寻找自己喜欢和擅长的路走。"

兴趣是最好的老师，也是孩子日后人生道路的基石。有了兴趣，就能够满怀激情，自我督促着向这个领域的尖端进发。所以在帮孩子描绘未来的人生蓝图时，一定要耐心地询问清楚孩子最感兴趣及存在天赋之处。这两者很可能是同一件事，但也不排除分属不同类别的可能。孩子的兴趣和天赋相悖，在做选择时就要尤其慎重，充分尊重孩子的意见。

第二步：加入家长的意见。

家长由于有丰富的经历，且为孩子的人生规划做了大量的准备，加之第一步对孩子的了解，这时候已经能够站在一个比较高的高度上去思考问题并给出决策方案了。

值得注意的是，这一步在实施时极容易演变为家长的主观臆断和"自以为是"，忽略掉孩子喜欢的和擅长的领域，仅仅根据社会职业需求的"热门"和"冷门"程度来给孩子设计人生尤其是职业人生，导致第一步的工作实际上是形同虚设。

第三步：实施前的准备。

韩国教育开发院的一项研究结果表明：越早定下目标的孩子学习成绩

越优秀，并且越对自己有信心。但是我们所描绘的蓝图对孩子来说是不是有些太过"宏伟"了。他难免会觉得目标太遥远而无从下手。那么在"施工"之前，就来帮他把大目标分解成一个个的小目标吧。小目标的设置以孩子能够看得见为宜，比如让孩子在 10 岁之前考下钢琴六级。

让孩子把分解出来的小目标写在纸上、贴到墙上。有了这些小目标，孩子就不会觉得这张蓝图太过虚幻和不切实际，也就更有了奋斗的动力。你会发现他开始对自己的学习负责了，而不再是每天为了向父母交差才去上课。

必须要注意的是，在这张蓝图的绘制过程中，画图的笔要始终握在孩子手中，你不可以代劳，而只能做个协助者。

 从名言中学教育：

全球领先的工业产品制造商之一伊顿公司这样督促员工："做出规划，今天所做的事情是为了我们有更好的明天。未来属于那些在今天做出艰难决策的人们。"如果您想让您的孩子拥有更好的明天，请从描绘一张未来蓝图开始！

自立篇

2 家里的事让孩子做一次主

小桐华家最近买了新房子，爸爸妈妈天天精神好得很。可是她一点都不高兴，因为新房子离她所在的小学很远。如果要搬家，她就必须跟着转到附近的学校就读了。可是学校里有她喜欢的老师和同学，她不想和他们分开。

桐华害怕的这天还是来了，爸爸早上跟她说："宝贝，咱们要换新家了，高兴不高兴？""爸爸，我可以说实话吗？"小桐华鼓起了勇气。她想，也许她可以做一次主。爸爸很明显对她的问话有些疑惑，但还是点了点头。

"我不想搬，我喜欢这个家，我喜欢我现在的学校。爸爸，我们可以等我小学毕业再搬吗？"桐华充满期待地看着爸爸。

"我们的新房子很漂亮，桐华一定会喜欢的！我们明天就搬！"爸爸根本没有听进去，还沉浸在新房子带给他的幸福感中。

桐华想不明白，小时候爸爸让她背的《三字经》里有一句"昔孟母，择邻处"，当时爸爸还给她解释，说是孟子的母亲为了孟子能有好的学习环境三次搬家，但是现在爸爸怎么不听她的意见呢？

桐华不说话了，她知道说也没有用，爸爸不会听的。大人们总是觉得孩子的想法很天马行空，桐华却觉得她也搞不明白爸爸在想什么。

小桐华面临的是家里的"大事"，她的第一反应就是也要参与意见，却遭遇了沟通不畅。在中国，很多家长有个这样奇怪的习惯，就是在孩子很小没有选择意识的时候偏偏让他们自己做主，譬如让刚满百日的孩子"抓周"等；反而待孩子慢慢长大，有自己主张，想自己选择时，家长们却认为小孩子根本就不懂什么，哪能想干啥就干啥。甚至有些家长在孩子成年以后，还想着要替子女做主。

不可否认，现在许多家长越来越民主，但是，仍有一些父母，对已经上学了的孩子指手画脚，安排一切，替孩子做选择，完全不顾孩子自己是怎么想的。

依翎已经上初中了。新学期伊始，她被选为班长，高兴坏了。从此她一边努力学习，一边关心班级事务，成了班主任得力的小帮手。依翎在班长的职位上一天比一天更自信了。别看她在班级事务上用心不少，但是一点也没耽误学习，学习成绩到学期末时还有所提高。

下学期就是初三了，依翎干劲十足地准备着。当班长让她得到了不少锻炼，她十分喜爱这份差事。没想到爸爸找她谈话了："依翎，要上初三了，学习要抓紧，这个班长就别当了。"像听到一声惊雷，依翎愣住了。她说："爸爸，当班长并不影响我的学习，而且我喜欢这个职位。我不想辞。"爸爸不顾依翎的反对，毅然决然地说："不行，当班长会分散你的精力，影响你的中考成绩。我坚决不同意。如果你不肯跟老师说，那明天我去！"

就这样，在老师不解的眼光中，依翎辞去了自己班长的职位。从此她变得十分沉默寡言，在家总也不见个笑脸，当班长时养成的开朗大方的个性好像也被泯灭了。

像依翎这种"被做主"的悲剧在好多家庭中都会发生。很多家长认为自己经历多见识多，只要孩子听自己的准没错。于是不管孩子是否愿意，大事小事一律替孩子做主。如果你的孩子是像依翎那样优秀的学生，有自己的人生追求，对自己的路有自己的想法，你的横加阻拦只会使她变得无精打采下去。而对于没有自己的想法的孩子，这也不见得是一种科学、高明的教育方式。

凡事家长做主对孩子成长的不利影响

第一，凡事都由家长做主，不问孩子的意见，只会导致孩子变得懒惰与无能。孩子遇事不会独立思考，而依赖于你提供意见，长此以往，孩子就会形成没有主见、依赖别人的毛病。最终易使孩子长大以后无法适应竞争激烈的社会环境。

第二，家长做主还会导致孩子责任心的缺失。因为主意都是家长拿

自立篇

的，当事情向着不好的方向发展时，孩子容易以做决定的不是自己为由推脱责任，渐渐变得不想担负责任，遇事只会更加依赖你给他拿主意。

另外，父母给孩子拿的主意并不完全都是正确的。本来孩子就是最了解自身想法的，家长给做的决定看似是关心孩子的，实际上并不一定最适合孩子的身心发展，甚至可能违背了培养孩子的规律。

国内与国外的区别

国内

孩子小的时候，父母们往往认为他们什么都不懂，所以家长完全可以决定他们的吃穿住用行，完全不管孩子是否喜欢。在你的眼中，孩子是否是没有自我意识的，是否连自我选择的权利都没有？

待孩子长大一些，又觉得自己是家长，在家里应该树立一定的权威。尤其是做父亲的，更是容易觉得自己在家就应该一言九鼎，做子女的不准反抗，打着自己是为了孩子好的旗号，实行"专制统治"。

国外

先来看看美国，美国的父母十分重视培养孩子的自我意识，强调让孩子自己做选择。比如当孩子两岁了，早晨起床爸爸妈妈就会请他自己选择今天要穿哪件衣服。美国的父母认为，让孩子为自己的事做决定，能够培养他们自理和自立的能力。他们看中的，是孩子长大后面对选择的从容不迫。

再来看看德国，父母对孩子的培养甚至被纳入了法律的范畴。法律规定，如果孩子认为自己没有得到父母的尊重或受到了冷遇，有权向法院提出控告。

让你的孩子沐浴民主的春风

孩子的事情让他自己做主，是对他的一种尊重。给孩子创造一个民主的家庭氛围，是每一位父母应该做的。日常生活中，当孩子的意见与你的意见产生分歧时，你不应该感到愠怒，而是应该欣喜——你的孩子学习独立了。这时候最明智的策略是坐下来与孩子商量，将所有的利弊都摊开来放到桌面上，与他一起探讨和比较，最后引导孩子做出正确的选择。

或许孩子的选择不一定正确，因为他们毕竟很小，缺乏经验，又容易被新鲜事物所吸引，尽管家长给予了引导，他们还是可能"固执己见"，做出了一个不好的选择。这恰恰需要家长循序渐进地培养孩子的鉴别能力。在一次次的选择中，孩子会渐渐摸索出哪些是好的选择，哪些反之。当然在这个过程中，孩子不可避免地要走一些弯路，千万不可因为这个就剥夺孩子自己做主的机会。这是孩子成长的必经之路。

写给父亲的一封信

在培养孩子自己做主的能力时，不可盲目，要注意以下几点：

1. 不要给孩子过多的选项。这是对小一点的孩子来说的。例如对一个两岁多的孩子，早上你不要问他今天想穿什么颜色的外套，如果他提出来一个家里没有的颜色呢？这就不仅仅是会导致尴尬的问题，而且会让他对你产生不信任的感觉。你不妨打开他的小衣柜，问他："宝贝今天你想穿那件红色的还是那件绿色的呀？"等孩子大一点，选项就可以多一点，家里添置家具，可以参考他的喜好；周末做饭，可以请他定一个食谱；给奶奶过生日，可以让他出出主意。

2. 对于他提出的有害或者不安全的选项坚决制止。因为孩子认知能力尚低，对危险或者有害的事物认识不够，如果在这些选择上他一味坚持，家长要坚决制止。比如冬天一定要穿厚衣服，即使他为了不想穿而哭闹不止，也不可以纵容他。最好家长引导他认为这是理所当然的，比如早上起来穿衣服时问他："宝宝昨天都可以自己穿袜子了，试试看今天你能自己把棉衣穿上吗？"

3. 不要给他压力。如果孩子的决定不太合理或者表现不得体，家长应该给予提示，或者跟他讲道理，让他明白自己错在什么地方，而不可以给他很大的压力。比如周末的活动，孩子选择去游乐场而不是去看望生病的爷爷，家长千万不要说："这样爷爷会伤心的！"这样孩子感受到了压力，但是仍然没有明白为什么应该去看望爷爷。你不妨告诉他，爷爷生病了，都一周没见到他了，非常想念他。孩子想到爷爷平时待他的好，会明白过来的。

4. 决定正确时要给予夸奖。尽量多地给孩子提供让他自己做主的机

自立篇

会，但当孩子做出正确的决定时，一定要记得表扬他，表扬往往可以起到很大的激励作用，促使他把自己做出的决定完成得很好。哪怕只是让他做一个简单的选择，比如问孩子早餐是想吃面包还是米饭，他答"米饭"，你也要高兴地夸他："很好！我们就吃米饭吧！"

总之，作为父母，尤其是爱"当家做主"的父亲，你要做的是帮孩子做出选择或者决定，把他的权利还给他，而不是把自己的意志强加于他的头上。在这样一个价值取向日趋多元化的社会中，孩子的人生轨迹完全可以由自己去规划，而不必非要遵循父母的设想。请不要像依翎的爸爸一样，好心办坏事。每一位明智的父亲在教育孩子上都应该懂得"有所为有所不为"的道理，给孩子尽量大的自主选择的空间。

★ 从名言中学教育：

德国哲学家黑格尔有句名言："不做什么决定的意志不是现实的意志；无性格的人从来不做出决定。"把这句话告诉你的孩子，鼓励他为自己做一次主。

3 鼓励孩子对爷爷奶奶的溺爱说一回"不"

大教育家高尔基说过:"溺爱是误入孩子口中的毒药。如果仅仅为了爱,连老母鸡都能做到这一点。"关于溺爱孩子,有这样两则报道:

※ 石家庄市的一名初中女生,平时学习成绩很好。市里组织三好生夏令营,她入选了。让活动组织方为难的是,她必须要带着妈妈一起去参加。原来这个孩子长到这么大居然还不会自己梳头发,甚至连倒开水都不敢。结果,为期五天的夏令营她只过了三天就"打道回府"了,原因是她适应不了家以外的环境。

※ 北京市中小学生北极村冬令营中出了一件怪事,一名小营员居然在零下三四十度的东北雪原上长了一身痱子!原来,这个孩子出发之前,奶奶千叮咛万嘱咐他东北很冷,一定要多穿衣服。谁知道他只记住了这句话,不知道变通,热了要脱衣服。结果在有暖气供应暖烘烘的屋子里他还是穿着出门时奶奶给带的羽绒裤,不捂出痱子才怪!

这两则案例中的孩子看上去有些可笑,但却是现实生活中真实存在的。现如今的孩子大多都是独生子女,在家中备受宠爱。也有不少年轻的父母懂得溺爱孩子的坏处,但往往对孩子管得稍严一点,爷爷奶奶就要站出来护着。说他们把孩子看得"捧在手里怕摔了,含在嘴里怕化了"真是一点都不夸张,睡觉怕他着凉,吃饭怕他吃不好,孩子走到哪儿老人跟到哪儿,方方面面都照顾得极为周全,无微不至,包办到底,简直就是称职的"保姆"兼"保镖"。

大家都听过这样一个故事,说的是古时候,一个被母亲娇惯坏了的少年,无恶不作被官府抓住。临行前的最后一个请求时再喝一口母亲的奶水。母亲解开衣襟喂他时,他一口咬掉了母亲的奶头。他恨母亲的溺爱害了他。

可见爱是一把双刃剑，爱的热度太高反而会给孩子带来伤害。

溺爱易导致孩子心理不健康

不谙世事的孩子正如一张白纸，最需要家长的教育和引导。如果任其发展，极有可能受到不良因素的影响，从而长成一棵"歪脖树"。溺爱与放任有可能走到同样的结果。因为溺爱是对家庭教育的一种阻碍。孩子一开始是由着自己的心思来做事的，他的脑海中尚没有对与错、是与非之分，溺爱往往会导致家长对做错事的孩子不能给予适当的批评，也就失去了让孩子明白是非对错的机会，形成不健康的心理。

溺爱易使孩子形成不良的性格

如果事事都不用孩子动手，帮他完成所有的事情，这样的孩子长大会怎样呢？很显然，性格里一定会带着懒惰、蛮横。如果对孩子有求必应，一味地付出爱，而不去教他感恩与关爱他人，这样的孩子长大会怎样呢？很显然，他会慢慢形成以自我为中心的坏毛病，认为别人为他所做的一切都是理所应当的，逐渐变成一个自私狭隘的人。懒惰、蛮横、自私、狭隘，沾染了这些不良习气的孩子以后怎么在社会上立足呢？

溺爱易导致孩子缺乏自信

过分溺爱孩子，会影响他习得在自己这个年龄段应具备的能力，主意全由家长来拿，慢慢地他会懒于动脑，逐渐没有主见，依赖性强，缺乏独立解决问题的能力，没有责任感。当有一天，家人不在他身边时，他发现同龄人会做的事情而他不会，就会失去自信。

溺爱易削弱孩子的人际交往能力

受到家长溺爱的孩子在走出家庭以后，往往还保有在家中的那份优越感，认为所有人都应该以他为中心。这样的孩子时间一长就会变得很不合群，因为大家都不喜欢和他来往。他不会为他人着想，就算发现大家都不喜欢也不会去正确处理，只会感到沮丧，甚至产生怨恨，久而久之，易变得更加孤僻。

溺爱易使孩子变得不知感恩

"溺爱是父母与孩子的关系中最可悲的一种，用这种爱培养出来的孩子不肯把心灵献一点儿给别人。"这是一位教育家所说的。溺爱下成长的孩子甚至对疼爱自己的亲人也不知感恩。

孙颖的家庭并不宽裕，十年前父亲做了换肾手术，高昂的手术费用让这个本来还算富足的家一下子变得拮据起来。但是孙颖初中毕业后，父母还是倾其所有送她去了日本读书。在日本，孙颖完全靠向父母要生活费过活。读完语言学校后，由于签证问题，孙颖不得不回了家。父母本来想女儿在国外经历了独立生活，应该会懂事很多。谁知道，孙颖一回家就抱怨家里的生活条件远不如她在日本的时候，让她很不适应。父亲赶紧去给她配了电脑、装了宽带，还买了一台加湿器。在孙颖去国外这么多年中，父母都没有添置过什么像样的新家具，省吃俭用的钱都给她汇到日本去了。

就这样还是不行，孙颖又开始抱怨，没有专门的练琴房，她的琴艺就会退步，没有专门的练舞房，她就没办法专心练舞。她希望父母能再给她办新加坡的签证，让她去新加坡生活。可是，父母已经没有一点多余的钱来满足她这些奢侈的要求了。

孙颖变得如此不知感恩、一味索取，都是溺爱惹的祸。

溺爱可能会使孩子变得无能

为孩子包办一切，这种无原则的溺爱毒害性最大，只会导致孩子能力低下。

天初今年 8 岁了，家庭条件十分优越，家里为他雇了三个保姆。有两个保姆专门陪他上学，一个负责他上学时的穿衣吃饭，另一个则类似于古时候的书童。但这个"书童"不是要陪他吟诗作对，而是要帮他记笔记。因为天初自己反应迟钝，跟不上老师的思路，而且他的手连笔都拿不稳，动作也不协调，记笔记的事就只能由保姆代劳了。

天初是个宠儿，从小就受到极高的待遇。爷爷奶奶整天"心肝宝贝儿"地喊着，爸爸妈妈整天一日三餐地喂着，能抱着就从不让他下地，能坐车就从不让他走路。但他两岁才会喊"妈妈"，3岁才迈出第一步。家长们在心急之余，分析天初可能智力有问题。然而出乎众人的意料，父母带他去测智商时，发现天初达到了116，理应比普通人还要聪明才对。一家人面对傻傻愣愣的天初，陷入了沉思。

天初的悲剧告诉我们，溺爱只能带给孩子懦弱和无能，长此以往将来等待孩子的只能是失败。

了解了溺爱孩子的危害，就应该帮助孩子远离溺爱。但是孩子的理性分析能力还不强，不知道溺爱对自己有多么不好的影响，反而可能沉浸在溺爱带给他的短暂的"甜头"中，不能理智地拒绝。这就需要明理的父亲跟孩子讲道理了，引导孩子自己跟爷爷奶奶（或者其他家人）的溺爱说一声"不"。

写给父亲的一封信

疼爱孩子是人之常情。我们理解老人的心思，但也要理智地分析怎么才是对孩子真正的爱，委婉地劝说他们，请他们配合孩子的拒绝。

爱孩子，请理智

孩子想拿到桌子上的杯子，可是他不够高，急得快哭了。这时候家长是应该赶紧跑过去把杯子递给他，还是引导他踩着椅子去够杯子呢？

爱孩子没有错，但是请克制那些对孩子了无益处的冲动。要知道，孩子要的不是一个杯子，而是拿到那个杯子的过程和经过努力拿到杯子后的喜悦。

爱孩子要理智，千万不可没有原则。

爱与严格要求相结合

人常说："爱之深，责之切。"严格要求的背后是深厚的爱。孩子犯了错，姑息是宠溺，教训是大爱。

爱孩子，请你"爱"中有"严"，"严"中有"爱"。

当然，严格要求不等同于动辄训斥打骂，而是循循善诱地讲道理。严格也要有个度。

培养孩子的自立能力

孩子不可能终生都跟家人在一起，总有一天，他要脱离你的羽翼。因此，当他还在你的身边时你就要培养他自立的能力，否则，不会飞的鸟儿是没有食吃的。

给孩子一个机会，让他自己去做，这是家长应该做到的。把他应该自己做的事，应该自己承担的责任，应该自己付出的爱，都还给他，让他成为真正意义上的独立的人。

教孩子学会分享和感恩

从小就要给孩子灌输"独乐乐不如与众乐乐"的道理，培养他宽大的胸襟，让他学会与人分享。不要把家里最好的东西都留给他，教育他"百善孝为先"。教他把好东西留给家里的人，让他学会感恩。告诉他"吃亏是福"，让他学会付出。

总之，爱孩子是一门学问。

 从名言中学教育：

> 前苏联著名教育学家马卡连柯说："父母对自己的子女爱得不够，子女就会感到痛苦，但是过分的溺爱虽然是一种伟大的感情，却会使子女遭到毁灭。"鼓励孩子对爷爷奶奶的溺爱说一声"不"吧，这个"不"跟他迈出的第一"步"都具有同样的意义——孩子长大了！

自立篇

4 帮孩子做一个小账本

美国巨富洛克菲勒是世界上第一个拥有十亿美元的大富翁，他自身可谓腰缠万贯，可是给子女的零用钱却少得可怜。

洛克菲勒十分注重培养子女的理财观，他给每个孩子都建立有一个小账本，规定孩子们8至10岁时每周可领取30美分，11至12岁时可领取1美元，12岁以上可领取3美元。每周发放一次零用钱。他要求孩子们把自己每周的开支都记在账本上，每次发钱之前先检查账本。如果账目清晰、用途正当会增发5美分，反之则扣除5美分。洛克菲勒就通过一个小小的账本教孩子家里起了健康的理财观。

洛克菲勒家的理财教育早就闻名全世界了，西方很多家庭都接受并实践着这样的理财教育。让我们来看看在这样的教育下，西方儿童理财观念的形成过程。

3岁开始对钱币有基本的认识，分辨得出币值的大小。

4岁会用钱来买东西了，虽然只是买一些简单的、不值钱的东西，比如铅笔、转笔刀、小零食、作业本等。但孩子买东西时家长一般都跟在旁边，为的是避免孩子上当受骗。

5岁时孩子会明白钱的来源，知道只有劳动才可以得到钱，并能够完成类似"一手交钱、一手交货"的任务了。

6岁时可以数得清楚不少钱了，而且开始拥有人生第一个存钱罐，并有了"存钱罐里的钱是属于我的"的意识。

7岁已经看得懂价格标签上的标价了，并懂得分析自己的钱是否够自己买这个商品的。

8岁的时候，开始想要利用银行存款攒零花钱了，并开始尝试打工赚取零用钱，比如去卖报、帮助父亲修理草坪等。

9岁会制订花钱计划了，会在买东西时进行讨价还价了，还会向外兜售自己的劳动作品了。

10岁开始懂得花钱要"花在刀刃上"，零碎的钱不再乱花，而是积累起来买一件相对奢侈的商品，比如最近喜欢上滑冰，可以买一双滑冰鞋。

11岁时开始关注报纸的广告版，从中查找优惠的商品，按照折扣去购买自己想要的东西。

12岁开始懂得珍惜钱财了，知道每一分钱都是来之不易的，开始懂得节约。

12岁以后的孩子，在金钱概念上已经成长得跟大人一样了，可以参与成年人的商业交易活动。

这样的儿童理财规划是西方很多家庭都遵循的，西方孩子的家长们认为，让孩子接触钱并学会合理使用钱对孩子来说是大有裨益的。他们十分注重金钱教育，创造各种条件培养孩子的经济意识和理财能力，以便孩子长大能够尽快适应高度发展的经济生活。

随着时代的进步和经济的发展，财商已经成为与智商、情商相并列的一种社会能力。高智商、高情商但低财商的人依然无法在社会上立足。因此，理财专家认为，家长们应该针对孩子的不同年龄层次进行不同的理财教育，教他们尽早地树立正确的金钱观，以适应未来社会的发展。

理财教育应该从几岁开始呢？

学者研究表明，儿童各种能力的培养都有一个效率最高的关键期，比如，语言能力的训练以2～4岁为宜，数学逻辑能力的培养以4～6岁为宜，而说到理财能力，因为它难度稍大，培养的关键期就延迟到了5～14岁。

不过很多国家对孩子理财能力的培养都已经提前了。以法国为例，家长们在孩子刚满3岁时就开始开展家庭理财过程，教孩子认识硬币和纸币。到了10岁左右，家长就会帮孩子设立他独立的银行账户，并交由孩子自己维护。

我们的家长不妨也学学洛克菲勒，帮孩子建立一个小账本，让他从小学会记账，养成节俭的好习惯，培养理财的本领。

周末爸爸带虎子去超市逛童车区，打算给他买一部电动小车。虎子看了看标价，把爸爸拉到一边，悄声说："爸爸，这个电动车太贵了，咱还是别买了!"爸爸欣慰地笑了。要知道，儿子一年前可绝对不是这样的，那时候儿子要是看到中意的东西，不管多贵都一定要缠着爸妈给他买下来，不满足他就在大街上哭闹不止。

小虎子是怎么变成这样的呢？这要归功于爸爸的"言传身教"。爸爸决定要改变儿子的这种坏毛病，于是跟妈妈商量，从此以后"精打细算"，尤其是在儿子面前时，两人更是把账算得细到针眼儿里。有一次带着虎子去买凉席，两人讨价还价终于讲下了十块钱，爸爸就利用这省下来的十块钱买了三个冰淇淋，还剩一块钱，顺便在家门口买了一份晚报。这样潜移默化的影响长期下来终于有了效果。当儿子拽着爸爸的衣襟说："这个太贵了，换一个吧，省下五块钱还能给妈妈买双袜子呢!"爸爸妈妈的心里别提有多开心了。曾经的小"败家子"变成了一把"理财好手"。

写给父亲的一封信

其实对孩子来说，理财和说话、吃饭、走路、穿衣服等能力一样，都是需要父母培养的，不要等到孩子真的有了"财"才教他理财，但是理财也要掌握原则和秘诀。

教孩子理财的三原则

原则1 给孩子拥有权

中国的家长往往都有这样一种习惯，逢年过节给孩子包红包从不心疼，但节后从孩子手中回收红包也绝不手软，所用的借口无非就是"爸爸妈妈替你存着，你什么时候要就从我们这里要"。孩子上过一两次"当"后就会明白，钱被收回去一般再往回要就不容易了，根本就相当于"没收"。家长的这种做法反而会使得有些孩子一拿到钱赶紧去花掉，对孩子理财能力的培养并不起作用。要培养孩子的理财观念，首先要让他拥有钱。在拥有钱的基础上，他才有机会去处置这笔钱。

原则2 给孩子支配权

孩子有了货币的拥有权之后，还要拥有实际意义上的支配权，才能锻炼能力。很多家长在指导孩子合理消费时常犯的错误就是完全变成了自己在花钱，往往只要自己觉得不值得买的东西，就会极力反对孩子花钱。如果仅由家长来决定钱的去向，那孩子还是没有机会锻炼能力。因此，家长只需要提供意见和建议，帮助孩子分析他将要进行的这笔消费是否合理是否可行，不表示赞成也绝不反对，由孩子自己去做出决定。要相信你的孩子，如果你给出的意见是中肯的，他一定会听进去的。

原则3　与孩子"划清界限"

孩子有了自己的钱，就要引导他去花。将家庭的财产与孩子的"财产"分开，有助于孩子懂得珍惜金钱，培养节俭意识。因为他的钱他自己是有数的，用一点少一点，这样他就会去思考如何扩大进项。爸爸可以跟孩子商量出一个方案，就是学费、教材费、服装费等大的支出，由父母承担；孩子平时自己想买的玩具、出游时要给小朋友带回来的纪念品、为同学准备的生日礼物等非必需品，则由他自己开支。这样，孩子经过培养，就会明白开源节流的道理。

教孩子理财的四秘诀

秘诀1　给孩子开个独立的户头

除了给孩子设立小账本之外，还可以带他去银行开设一个独立的户头。这样，孩子有稍大的进账时就可以存进银行，既方便了保管，又让孩子学习了银行的一些简单业务的办理过程。这个存折或者银行卡最好由孩子自己保管。当然，交给他之前要向他强调存折或卡的重要性，以引起他的重视。以后每次存钱或取钱，都要带着孩子，让孩子全程学习，而且给他讲为什么每次卡里的钱都会增多，让他明白存钱就会产生利息的道理。

秘诀2　借给孩子的钱统统入账

当孩子需要支付一笔较大的开支，但自己卡上的钱数额不够时，你可以"趁机"借给他一部分，但是需要双方商定一份合同，记入账单。合同上要规定还款的日期、本次借贷的利息等，必要时还要请孩子写清楚还款方案。这样不仅可以培养他的理财观，还可以让他认识到钱的重要性，培养借债还钱的责任感。

秘诀3　边玩游戏边学理财

风靡已久的"大富翁"游戏比较适合教孩子进行理财的入门。游戏中有赚钱、投资、买卖等行为，另外运气和机会的抽取则可以教孩子认识到，人生有很多不可预知的机遇或者风险，人有可能从"大富翁"一下子变成"穷光蛋"。这就强化了孩子对财富进行规划的意识。"大富翁"的游戏中还会提供一个记账本，边游戏边理财一定会引起孩子的兴趣。

秘诀4　给孩子接触股票的机会

近些年来，很多家长纷纷为孩子开户投资基金，甚至投资股票，但是请孩子参与其中的却寥寥无几。虽然股票和基金对于孩子来说是较为复杂的东西，但是让他们早早接触有好处没坏处。专家建议，带孩子一起选择股票时，可以尽量选择孩子常见的一些品牌的，比如家中电视机的牌子、孩子常穿的衣服的品牌，等等。这样可以让孩子感觉股票和基金离自己不是十分遥远。选择好股票之后，注意引导孩子陪你一起关注该公司的运营情况，关注每日的行情。这时候因为知道父亲给他买了这只股票，与他的切身利益相关了，他会提起很大的兴趣。借由这些，让孩子了解影响股票涨落的相关因素以及对他自己收益的影响。长此以往，孩子在这方面就会成为一个"小内行"。

总之，帮孩子做账本也好，给孩子开户头也好，都是为了锻炼孩子的财商，以便他在今后的经济生活中能早日立足。

 从名言中学教育：

著名理财规划师刘彦斌说："一个人一生离不开三件事——健康、法律和财务。"可见理财教育是多么重要。现在就帮你的孩子建立一个小账本吧，让他从一点一滴开始积累财富。

5 带孩子去旧货市场淘一次宝

　　每隔一段时间，小植的爸爸就会带他去小区附近的旧货市场淘一次宝，而且一转就是大半天。用爸爸的话来说，他带小植淘的不是旧货，而是历史；不是实物，而是精神。

　　爸爸说，旧货市场上琳琅满目的有着精致雕花的笨重的桌椅、靠敲钟报时的古老时钟、成打的纸页泛黄的连环画等，都是他们小时候才有的东西，记载着他们那一代人的经历，承载着那个时代沉甸甸的历史。平时自己在家总是空口教育孩子要珍惜现在来之不易的生活，孩子根本没有直观的感受，反而嫌父母太过唠叨，所以带孩子来这里走走，给他补的是学校没有的历史和思想教育课。

　　小植也说，旧货市场就像一个博物院，每次来到这里他都流连忘返，每次都有不一样的收获。以前他在书上看到有"三寸金莲"的说法，请爸爸给他解释，爸爸解释了半天他也没明白。后来在旧货市场上见到一双从前的小脚老太太穿的鞋子，他才豁然开朗。每当见到扁担之类的劳动用具，爸爸就会给他讲自己小时候人们的生活，慢慢的小植也就理解了爸爸妈妈总是教育他的"勤俭节约"的道理。

　　后来，爸爸发现以前大手大脚的小植开始自觉地养成了节约的好习惯。有一回爸爸从洗手间出来忘了关灯，小植一本正经地"教育"他："爸爸，不要忘了过去的苦日子啊！"逗得妈妈在一边哈哈大笑。妈妈说，这是小植从旧货市场淘到的真正的"宝贝"。

　　当然，旧货市场上也有很多只用过几次的成色很好的日用品。刚开始小植不愿意跟爸爸来逛这些摊位，后来居然主动要求去淘一些"宝贝"。小植说："爸爸，我们如果在这里淘桌椅，工人叔叔就可以少伐一棵树了。"爸爸欣慰地笑了。看来这带儿子来旧货市场淘宝的小小举动教给儿子的道理真不少，可谓一举多得呀！

自立篇

你是否也像小植的爸爸一样，有带孩子去逛旧货市场的习惯呢？这种做法在国内可能并不流行，但是在与我们一水之隔的日本却已经风靡多时。

日本有很多像中国一样的旧货市场，与中国不同的是，日本的旧货市场周一到周五人气并不旺，一到节假日却热闹非凡。日本很多父母都愿意带孩子去那里"买"或者"卖"旧货。据日本某旧物市场的一个摊主介绍，每逢双休日，旧货市场停车场的车位总是供不应求，很多家长都会带孩子来体验生活、回味历史。市场上人头攒动，其中不乏有钱人的后代。也有很多家长带孩子来出售家里的旧货或闲置物品。从卸货，到吆喝着招揽生意，孩子们忙得不亦乐乎。家长们大多认为带孩子逛旧货市场不仅是对孩子一种很好的锻炼，还可以培养他们节约资源、爱护地球的意识。

随着生活水平的提高，节约资源已经渐渐成为家长们的一种口头的说教。在优越的生活环境中，孩子们根本无从体会为什么要节约资源、如何去节约资源。甚至如今有一些家长也认为生活条件好了，节俭就不是那么必要了。这恰恰大错特错。

勤俭是一种立身、立家、立业的传统美德

有这样一个民间传说：一位老人去世时，留给两个儿子唯一的遗产就是一块匾，上书两个大字"勤俭"。老人叮嘱他们按照匾上说的去做，那就是财富。老人去世后兄弟俩分家，就把匾从中间锯开，哥哥要了"勤"，弟弟要了"俭"。哥哥每日辛勤劳作，创造了很多财富，但不知节俭，日日挥霍无度，最终不管收获多少仍是落得两手空空。弟弟则每日省吃俭用，但不知勤劳耕作，一天天过去终于坐吃山空。后来有一天，老人给他俩托了一个梦，说让他们把匾合起来才能不过穷日子。梦醒后两兄弟依照老人的话把匾合到一起，从此勤俭持家，财富终于越积越多，过上了幸福的生活。

这个故事告诉我们，即使在生活越来越好的今天，勤俭的美德我们依然不能丢。父母有义务引导孩子意识到，地球资源已经耐不住我们继续消耗，如此下去我们的子孙后代将无立足之地。

节俭是锤炼人意志的炉火，它可以促人自立，助人成熟

节俭是一种成熟的生活方式。让孩子养成节俭的习惯，有助于他日后

的自立和成熟。节俭并不意味着没有财富可供挥霍，我们不妨来学学比尔·盖茨教育孩子的方式。

比尔·盖茨的财富自不必多说。他和妻子也像所有父母一样，疼爱自己的孩子，但是当孩子提出某些要求时，他们的表现却十足是一对吝啬鬼。他的小儿子罗瑞还曾经抱怨过爸爸不给他买他最喜欢的玩具车。区区一辆玩具车，很显然不是盖茨无法承受的价钱，但是他有他的理论："再富不能富孩子。"盖茨曾经公开表示，不会将自己的财产留给孩子，而是会捐赠给社会，他说："因为这样对他们没有一点好处。"

写给父亲的一封信

如何在日常生活中培养孩子勤俭节约的习惯呢？这里给你提供几个小建议：

第一，榜样作用，言传身教。父母首先要做到勤俭节约，才能正面影响孩子。不要小看孩子的模仿能力，孩子常常是父亲或母亲完美的克隆体。因此，如果父母在日常生活中有节约的好习惯，你会发现孩子很容易就跟着你做了。宋朝开国皇帝赵匡胤虽然贵为天子，但一直以身作则地提倡俭朴，反对奢侈。他命令女儿脱去用翠羽装饰的短袄并命令其不得再穿一事在当时被广为传颂。在他的带领下，一时国内节俭风气盛行。

第二，指导理财，合理利用。首先，家长要控制给孩子零用钱的数额。在给孩子零用钱时应考虑到孩子的年龄和支配能力。小学一、二年级的学生，可以每次少给，隔天给一次；到了三、四年级或更大年龄时，可以一次多给一些，间隔时间增长。除了控制自己给的零用钱外，还要了解其他亲人有没有给过孩子零用钱，对他身上有多少钱做到心中有数。其次，家长要了解孩子把钱花在什么地方，如果是用在不恰当的地方，可以暂停一次零用钱发放，以示"惩戒"。再次，家长对于孩子的花销要合理地引导，告诉他什么时候应该大大方方地花，什么时候要节约地花，什么时候一分钱也不能花。

第三，故事启迪，感同身受。小孩子都喜欢听故事，通过讲故事来教育孩子不失为一种良方。不妨在他睡前，给他讲个"周总理的睡衣"的故事；看到他剩饭时给他讲讲"雷锋的童年"，或者贫困山区的孩子的生活。

让孩子懂得一粒米、一滴水、一度电都是来之不易的，让孩子通过生动的故事情节，自己去分析故事内涵，并联系自己平时的所作所为，认识到自己的错误，得出应该勤俭节约的结论，从而培养良好的节约习惯。

第四，细节入手，从小做起。孩子在日常生活中的很多小细节都可以体现出他的节约与否。上完厕所随手关灯；涂洗手液的时候不要开着水龙头；一张纸有个错字，擦掉还可以再写；袜子破了，补补还可以再穿；小板凳散架了，修修还可以用……带孩子去商场，不要纵容他看到什么都想要的坏习惯。孩子往往喜新厌旧，看到米奇出了新款的书包，他就不想要去年刚买的那个了。这时候你一定要拿出父亲的威严来，因为如果不加选择地默许孩子的要求，不是疼爱，而是纵容。

第五，废物利用，爱护地球。鼓励他喝完饮料把易拉罐做成个花盆，自己种一盆小花；把坏掉的凉鞋剪成拖鞋；把酸奶盒收集起来做成小钱包；把破了的篮球做成存钱罐……在他动手的过程中，你还可以给他讲为什么要这样做。这些别具一格的创意会让孩子耳目一新，喜欢跟你这个"大朋友"相处。你看，这个主意既锻炼了孩子的动手能力，又教育了他养成节约的好习惯，还融洽了亲子关系，一举三得！

 从名言中学教育：

清代幕客钱泳在《履园丛话·俭》中云："凡事一俭，则谋生易足；谋生易足，则于人无争，亦于人无求。"带你的孩子去旧货市场淘一次宝，让他体味一下过去生活的艰辛，培养他勤俭节约的好习惯吧！

暑假让孩子去打一回工

　　暑假已经过去好几天了，你家孩子是怎么度过的呢？是辗转于各种补习班和培训班，闷在家里做暑假作业，还是天天沉迷于游戏？据某报纸的记者了解，大部分孩子在日常生活中都过于依赖父母，自理能力极差，在家里过的俨然是"小皇帝""小公主"的生活。有一位孩子的父亲抱怨说，他的女儿上初一了，平时连一双袜子都不会洗，他十分担心她以后怎么在社会上立足。

　　何不让孩子趁着暑假去打个工呢？让孩子亲身体验生活，进一步了解社会，感受劳动的艰辛与快乐，度过一个有意义的暑假。

　　让孩子去打工在美国是很流行的教育方法。以下是一位美国的父亲讲述的小故事。

　　一天，女儿放学回家带回来一张名片，上面写着："冰箱清洁：想要一个亮净净的冰箱吗？请给库珀打电话！"我以为是有人放门口的公司名片，就随手扔在了一边。女儿捡起来又递给我，原来背面还有字："库珀·绍恩哈勒：8岁，但工作勤奋，起价一个冰箱五美元。"后面还印有他的家庭地址和电话。

　　我问女儿是不是班上的贫困学生靠这个赚钱助学。女儿摇摇头，才知道库珀是他们班学习最好的一个小男孩，他起初给家里清理冰箱，赚了爸爸妈妈五美元，后来发展到给邻居们清理冰箱，慢慢地开始印起了自己的名片，用以拓展"生意"。他的"生意"一红火，引起了班上另一名男生的注意，并和他商量合伙"经营"，一人负责清理冰箱，另一人在同时靠自己的才艺来拉大提琴给主人听。这样下来，收费就翻倍了。

　　这个小库珀还有别的"丰功伟绩"：他曾在家里举办了一场自己的演奏会，请邻居们来欣赏，一张门票五美元。库珀把挣来的一半的钱分给了父母，说这是场地费，另一半存进了自己的小户头。

这个小故事体现了美国人在对孩子自立能力的培养上的先进的教育方法——让孩子早早出去打工。美国人尤其是中高产阶层的父母，往往一旦孩子到了法定年龄就迫不及待地鼓励他出去打工，甚至亲自给孩子找工作。

而在我们国内，很多家庭中都是独生子女，父母生怕孩子闪着腰伤着手，连家务都舍不得让他们干，打工更是不用提了。让孩子暑假去打工？被人欺负了怎么办？分散他学习的注意力怎么办？提出一连串"怎么办"之后，于是宁愿自己辛苦劳动，也不肯放孩子出去。当然也有例外的家长。

晴晴第一次出去打工是在 16 岁那年的暑假，工作地点是在一家自助餐厅。爸爸把车停在餐厅门口让晴晴下车。虽然打工的主意是晴晴自己想出来的，但她还是有点胆怯，问爸爸："我进去怎么说呀？"

"该说什么说什么呗！难道要爸爸陪你进去面试吗？如果我是老板，我可不会要一个带着爸爸来参加面试的服务员的！"爸爸怂恿中带着激励。

晴晴自然明白爸爸的意思，跳下车，大步迈进了餐厅。身后爸爸已经把车开走了。

那天晴晴回到家的时候带着第一天的报酬外加一个好消息："老板雇用我啦！"晴晴的任务是清理客人用餐后的盘碗，按小时计酬，每小时 10 元，一天工作 8 个小时。晴晴把第一天赚到的 80 块钱塞进了存钱罐的肚子里，暗暗地跟自己发誓，永不花掉这些钱。

两周后，晴晴回家跟家里人宣布："我以后不收盘子了，改引导客人就座啦！而且我的工资也要涨啦！"爸爸疑惑地问："我去过那家餐厅，不一直都是老板娘亲自带客人的吗？怎么会让你来做这个工作呢？"晴晴笑嘻嘻地说："爸，您别忘了，这家餐厅来的外国客人比较多，而老板娘英文不太好，一碰到外国客人就犯愁，沟通交流不方便。今天有位客人跟她说了半天，正僵在那的时候，我恰好在旁边桌收盘子，就帮他们解了围。老板娘眼睛一亮，在我下班时就告诉我以后由我带客人入座。她自己就舒舒服服地坐进收银台数钱去了。"一家人欢呼起来，没见过工资半月一涨的。爸爸欣慰地笑了。连以前不同意孩子出去打工的妈妈也笑了。孩子锻炼了能力，长大了，没有比这个更令父母高兴的了！

相对于父亲来说，母亲可能对孩子心疼更多。孩子长大一些以后，父亲就应该站出来，说服母亲，给孩子一个体验生活的机会，也给他一个让自己自立自强更快成长的机会。告诉孩子的母亲，是时候让孩子吃点苦了，让孩子提前参与一点社会活动，暑假出去打一份工，他才会知道，生活原来不都是像在家中一样舒适的，也有艰辛的一面，父母每天在外工作养家原来是这么不容易，这样他才能更加深切地感受到生活中的甜蜜和幸福，从而更加珍惜眼前的生活。

让孩子暑假出去打工的实质是要培养孩子的劳动观念，让他懂得劳动对人类的重要意义；此外，也要让他通过咀嚼打工的艰辛从而对父母心怀感恩。教育专家认为，孩子的劳动观念必须从小养成。大一点的孩子可以采取假期出去打零工的方式。孩子小的时候，则可以在日常生活中注重培养他的劳动能力，比如让他承担一定的家务。专家认为两岁左右的孩子应该懂得整理自己的玩具和衣服，14岁左右的孩子应该能够独立做大部分家务。

 ## 写给父亲的一封信

你想尽早让孩子体味打工的艰辛，却遭到了孩子母亲的反对；或者孩子还太小，不到打工的合法年龄，那就不妨从家务劳动让孩子做起。在这里有一些经验和注意事项，希望会对你有所帮助。

1. "你是家务排头兵"

你要给孩子安排一定量的家务。孩子天生眼里没有活儿，要经过父母的引导，他才会意识到。孩子玩的玩具撒了一地，不要急着去收拾，把正打着呵欠走向卧室的他叫回来，告诉他乖宝宝会将自己的玩具整理好再休息。阳台上的衣服晾干了，你可以喊他一起帮你收衣服，并告诉他学你的样子把自己的衣服叠整齐放进衣柜。

不过，在给孩子安排家务之前，自己要做好表率。有很多父亲在教育孩子热爱劳动时，被孩子一句话憋了回去："爸爸你为什么不做家务呢?家里总是妈妈在干活。"

2. "只要你量力而行"

给孩子安排家务要考虑到孩子的年龄和动手能力,不可盲目给他安排他承受能力以外的重体力活,或者占用他过多的时间。这样容易让孩子对做家务产生反感。等孩子长大一些,可以承担较多的劳动时,就要引导他统筹安排自己的时间,循序渐进地完成任务。比如要打扫卫生间,就要教他把这个大任务分割成多项小任务,再排出顺序来,结果就是先清除垃圾,再刷洗浴缸,最后再拖地。

3. "宝贝你真棒"

孩子做完家务,不管做的质量怎么样,首先要给予他赞美,甚至可以是夸张的赞美,比如"宝贝你真棒""爸爸太爱你了,你看你帮了我们多大的忙""宝贝我们家多亏了你,你看它现在变得多干净",因为孩子做家务,已经是很大的进步了。你的漠然会打消他的积极性。而孩子做家务本身就是一个学习的过程,其中必然有成功也有失败。至于孩子做得不完美的地方,回头你可以再和蔼可亲地指出来。这样他会更容易接受。

4. "这是你的责任"

孩子没有完成或者草草完成你分配给他的家务,不用急着批评,可以正向地引导他,让他知道那不是错误,但是是一种不负责任的表现。比如开饭了,可是交代孩子刷的盘碗还一团乱地躺在洗碗池里。你可以跟他说:"今天的晚饭有你爱吃的红烧肉哦,但是没有干净的盘子可以盛,怎么办呢?如果你抓紧把它们刷出来的话,我们现在就可以上菜了。"孩子就会明白,这是他应尽的义务。既然答应了要刷碗,那就是他的责任。

5. "赏你一朵小红花"

很多家长比较迷惘的地方就是,让孩子帮忙做了家务采取哪种奖励方式呢?专家建议,尽量不要给孩子以金钱奖励。要让孩子觉得做家务是每个家庭成员应尽的义务,而不是谋利的工具。如果给孩子以金钱奖励,容易让他产生为奖励而做的负面想法。把奖金换成一个亲吻、一朵小红花,效果会更好。

总之，无论是让孩子在家做家务还是让他去体验打工生活，都是培养他热爱劳动的好习惯，为他今后培养生存能力打下基础，同时也能让孩子明白劳动创造一切的道理。

 从名言中学教育：

清代诗人袁枚有诗曰："丈夫贵独立，各自精神强。肯如辕下驹，低头傍门墙。"给你的孩子一个学习自立的机会，让他去打一份工吧！

自
立
篇

7 留孩子自己在家过一个周末

松松的爸爸给孩子开家长会回来，一脸愁容。老师说，松松这孩子各方面都挺优秀的，就是胆子太小了，上课叫他起来回答问题，嗫嚅半天仍红着脸不敢说话。爸爸也明白，松松今年都8岁了，但胆子小得晚上都不敢自己睡，一关灯他就哭闹个不停；而且离了爸爸妈妈还什么都做不了，独立意识很差。

一家人陷入了愁绪。松松是个男孩子，这么胆小以后可不行。看来锻炼儿子的胆量、培养他的独立意识这事事不宜迟呀。爸爸与妈妈商量了一下，决定让松松从自己在家过周末开始，一点一点练。

到了周末，爸爸跟松松说："宝贝真不巧，今天爸爸妈妈都要加班，你自己在家待着好不好？冰箱里有吃的，饿了自己用微波炉热热就行。"松松显然被吓了一跳，周末从来都有人陪他的，这回是怎么了？松松的眼神说明他要哭了。见妈妈有点心软，爸爸赶紧暗示她：不行，小不忍则乱"大谋"，然后继续跟儿子说："儿子你是个男子汉，没有什么可怕的。爸爸相信你一定可以自己照顾自己，过一个愉快的周末！"教完松松微波炉怎么用之后，爸爸妈妈就"上班"去了。

到傍晚爸爸妈妈回来时，松松正在看电视，扭头向他们问好。问他害怕了没有，他摇了摇头。看到儿子的表现，爸爸妈妈一阵欣喜。原来儿子不是真的胆小，而是他们没有给过他表现勇敢的机会，让他觉得自己确实是个小男子汉。

就这样，爸爸妈妈由一开始的只出去一天逐渐变成出去两天、一周……从给松松留下食物到只给他买一些青菜，松松学会了做简单的饭菜，变得越来越独立，越来越会照顾自己了。有时候爸爸妈妈回家发现松松把家都打扫了一遍。没过多久，松松主动提出要搬到自己的小屋去睡。老师也从学校打来电话说，松松最近变化很大，勇敢了很多，而且主动担起班里的很多责任，像个小男子汉了。

我们不妨也学习松松的父亲，让孩子自己在家过周末，给他一个磨炼自己的机会，让他觉得自己可以很勇敢、可以很独立。让孩子自己在家过周末，父亲这个"如意算盘"如果打得好，那孩子就会还你一个大大的惊喜。

第一、勇敢篇。

让孩子自己在家过周末，首先锻炼的是孩子勇敢的品质。勇敢，是当下国内很多孩子身上普遍缺乏的一种素质。

你应该陪孩子看过日本动画片《聪明的一休》吧？里边有这样一个情节让人印象深刻：一休小的时候，有一次跌倒在地上，被石头磨破了腿。一休把手伸向只有几步之遥的妈妈。妈妈却无动于衷，只是冷冷地说："用手撑一下，自己爬起来。"一休终于摇摇晃晃地爬了起来，妈妈张开怀抱迎接他。妈妈用这句话教会了小一休这样一个道理：跌倒了要自己勇敢地爬起来。

而同样的事发生在国内会是怎样的情况呢？西西和小朋友在玩游戏，突然一个不小心摔倒了。正当西西准备自己爬起来时，不远处的妈妈慌慌张张地跑过来了，一边跑一边喊："哎哟我的宝贝，摔疼了么？"西西愣了一下，不知为什么突然大哭起来。

作为家长，我们是不是应该反思一下这种不同？正是家长的过度关心变成了孩子勇敢品质养成的一大障碍。

第二、独立篇。

当然，让孩子自己在家过周末，目的不光是要教孩子变得勇敢，还要培养孩子的独立精神。如今的孩子独立意识缺失严重，关于独立意识的缺失，有这样一个小故事，听起来发人深省。

一位母亲因为22岁的儿子仍不懂事而伤心不已。最终她不得不求助于一位名高望重的教育专家。

专家问："当您的孩子第一次系鞋带打了死结时，您是不是再也不给他买带鞋带的鞋子了？""嗯。"这位母亲点头承认。

"当您的孩子第一次洗碗时，把全身搞得湿漉漉的，您是不是再也

自立篇

不让他碰洗碗池了？""嗯。"母亲又确认了专家的问话。

"孩子第一次整理自己的书架，结果把书弄得一团乱，从那以后您就再没让他收拾过是吗？"母亲继续点头，开始充满疑惑地望着专家。

"孩子还没大学毕业，您就已经动用自己的关系网帮他找好了工作，对不对？"母亲惊讶地从椅子上跳了起来："你怎么知道的？"

"从那根打了死结的鞋带知道的。"专家冷静地说。

母亲颓了下去，跌坐在椅子里，幽幽地问："那我以后怎么办？"

"他生病了你给他喂药，他结婚的时候你给他买房子，他被解雇了你养着他。除此之外，别无他法了。"专家开了"药方"。

现实生活中有多少这样的母亲？这个儿子一次次被剥夺锻炼的机会，最终失去了独立意识，就这么毁在了"母爱"的手里。母亲后悔莫及。专家最后虽然也开出了"药方"，但是这个"药方"也只是饮鸩止渴。难道母亲能够照顾孩子一辈子么？当然，出现这种状况，做父亲的也有责任。

可见，生活自理，是孩子的必学功课。父母必须"狠"下心来，万万不可事事包办。孩子迟早要离开父母，一味的心疼不是办法，未雨绸缪，培养孩子的独立意识才是正确的教育思想，也是父母应该负起的责任。

第三、安全篇。

让孩子独自一个人在家时，还要跟他强调有安全意识。不需要让他像电影《小鬼当家》里的小凯文一样，依靠自己的聪明才智与两个贼匪斗智斗勇，最终帮助警察把他们截获。那是电影里艺术化的桥段。做父母的我们只希望孩子在家最起码是安全的。

孩子单纯、天真，生活经验、社会阅历又少，但偏偏求知欲、好奇心、模仿欲又很强，这就导致他们身边常常有潜在的危险。让孩子独自一人在家能否保证安全也是父母最担心的一个问题。

培养孩子的安全意识，首先要让他明白"危险"的含义，使他在头脑中对危险有一个清醒的认识。比如，孩子对"烫"没有概念，可能会去抓碰烫的东西，伤害皮肤。父母可以引导他认识"烫"。找一个玻璃杯，倒一杯温水，让他拿在手中，然后小心地往里边加入热水，让孩子感受温度的变化，等他嫌太烫而放下杯子时，你就告诉他，这就是"烫"，再烫一点就会伤人了。

其次，让孩子明白，独自一人在家时，危险的因素来自两个方面：

一、家里的电气设备等。孩子往往意识不到危险的存在，比如，如果家里有插排没有安置好，孩子有可能去碰触导致触电；顽皮的孩子有可能去把煤气开关拧来拧去。这些事在孩子刚开始懂事时就要告诉他，让他从你严肃的表情中明白：这些是危险的，不可碰！

二、陌生人的来访。孩子一个人在家中时一定要告诉他，要有一定的安全防范意识，要学会利用家中的门镜，坚决不要给陌生人开门。平时常常和他一起观看电视上同类的真实案例教育片，和他一起分析事例，吸取教训，教导他如何提高防范意识。平时反复提醒他这类事情，"润物细无声"的叮咛往往是最有效果的，在不断的灌输中孩子就会深深记住这些常识，从而提高自己的警觉性，在遇事时也能沉着冷静应对。

 ## 写给父亲的一封信

1. 缩回帮忙的手。国外流行的"漠然教育"是很值得借鉴的。我们国内的父母几十年来都是一样，对孩子给的太多、帮的太多、爱的太多，以至于让孩子失去了给别人、帮别人、爱别人的能力。给孩子独立面对困难的机会吧，让他克服对家长的依赖心理，凭自己的能力去解决困难，这才是真正帮助他成长。

2. 伸出夸奖的大拇指。与其在孩子哭的时候帮助他，不如在他擦干眼泪自己解决掉困难之后夸奖他。父母往往在孩子遇到困难的时候能迅速意识到应该帮助他，但在孩子自己解决之后又会认为那是理所当然的，意识不到应该夸奖他。你竖起的大拇指对他激励作用很大，请你不要吝啬夸奖孩子。

3. 做好万全的准备工作。让孩子独自一人在家过周末，不是说让家长真的就什么都不管，撒手自己出去玩。出去之前，家中一切都要布置好，确保孩子在家的一切都在你的掌控之中。比如，危险电器要收起来，家中要备有足够的食品，如果孩子比较小，最好是准备熟食。

★ **从名言中学教育：**

　　我国现代著名儿童教育家陈鹤琴先生说过一句话："做母亲的最好只有一只手。"不妨这个周末就让你的孩子自己在家过吧！

8 找个长假，和孩子一起当一次家

大家都看过电影《小鬼当家》，连续几部，部部精彩。凯文一次次智擒强匪，看得人心大快。现实生活中，你家的"小鬼"也当过家吗？让我们来看看牛牛的当家经历。

牛牛上初中了，第一个"五一"长假，牛牛就跟爸爸妈妈商量，这一周由他来当家。爸爸妈妈一听喜笑颜开，他们早就有此意了。

说干就干，牛牛撸起袖子，颇有大干一场的架势。可是，说起来容易，做起来可没那么简单，才一天，牛牛就感觉到了压力。牛牛的当家计划是模仿妈妈平时的作息来的：早晨六点起床做早餐，一共三人份，八点扫地、拖地，九点把一家人换下的衣服都洗了，十点去超市买菜，十一点准备午餐，吃完饭刷碗，下午五点准备晚餐，吃完饭刷碗，晚上八点为全家人做一个水果拼盘，九点为爸爸妈妈捶背、准备洗脚水，十点检查水、电、煤气、门窗是否关好，准备睡觉。一天下来，牛牛累得筋疲力尽，草草泡了一下脚就上床睡觉了。

第二天一早，爸爸帮牛牛分析昨天的当家表现，首先对他进行了表扬，夸他干劲十足，但是存在两个小毛病。一是缺了领导能力。那么多家务牛牛一个人肯定忙不过来，牛牛应该学会给每个家庭成员分配任务，而任务分配之中又有大学问，需要牛牛自己去琢磨。二是家庭一日开支没有合理分配好，导致中午吃得太丰盛，而晚饭由于资金不足只好买盒饭充数。牛牛听了若有所思，对自己今天的计划进行了一下小小的改变。中午姨妈带着表弟来做客。牛牛更忙了，又要准备饭菜，又要照顾弟弟。但是牛牛学着把任务分配下去，他看爸爸要出门办事，就请他顺便去超市买一瓶晚餐用的红酒；看妈妈闲着没事，就请她替自己陪客人聊天。姨妈直夸牛牛长大了，还让表弟向他学习。

到了第七天，眼看黄金周的假期就要结束的时候，又遇到状况了，小

自立篇

区接到通知说下午三点停水。牛牛慌了神，爸爸过来拍拍他的头，说："别急，冷静下来想想，停水之前我们可以做点什么呢？"牛牛一下子被点醒了，赶紧把家里所有的水盆都接满了水。

晚上，牛牛在家里主持开了一个茶话会，请爸爸妈妈评价一下他这几天的表现，自己也做一下总结。爸爸妈妈不约而同地给他打了一百分，他扑到他们怀里，说："爸爸妈妈，通过这次当家，我真正知道了你们有多不容易，你们辛苦了！"

看牛牛这个假期过得多么有意义，推荐我们的父亲也给自己的"小鬼"设计这么一次假期活动，让他也当一回家。孩子当家的好处，让我们细细道来。

第一、看"小鬼"如何花钱。

俗话说："当家才知柴米贵。"当家首先锻炼的当然是孩子的理财能力。捏着手里的几十元钱，孩子在想怎么把它变成一家人桌上营养又美味的三餐，这对大人来说都不是容易的事。也许第一天，他因为钱不够了，把家里人的晚餐对付了一顿，但是他了解了市场上的物价，了解了早市上的菜新鲜又便宜，了解了当家的不易；也许第二天，他买菜前忘了问大家都想吃什么，结果做了妈妈不爱吃的菜，但是他知道了平时妈妈尽力调和大家口味的苦心；也许第三天，家里的花生油吃完了，这笔"大开销"他不知道怎么处理，是平摊到三个月上，还是动用"固定资产"……但是，一个假期下来，你发现这个小家伙学会了精打细算，学会了掰着手指头记账，学会了挑选好吃不贵的菜品，甚至学会了把饮料瓶攒起来卖废品，给全家换回一筒美味的冰激凌。

第二、看"小鬼"如何"领导"这个家。

"当家的"，意思是"一家之长"，一家之长自然要有个领导的风范，何况手里还握有一天菜金的"经济大权"。要当好家，只靠自己"做牛做马"不行，像牛牛一样，第一天全靠自己踏实肯干，一天下来累得腰酸背疼不说，还出了很多差错。因此"当家的"要领导全家一起为"人民"服务。

领导能力对孩子来说是比较难以把握的，似乎是离他比较遥远的一种素质，但是父亲要明白，领导能力在一个人的人生发展中是必要的，因此要不失时机地给予孩子这种锻炼。当他当家的时候，引导他把家务劳动分配到每个人头上，观察他会不会按照每个人的个人计划安排相应的任务，以及分配任务时的态度是否是别人愿意接受的。适当给他制造一点小障碍，比如"我下午三点有事，不能帮你洗衣服了"，看他如何随机应变。这样，孩子在锻炼了领导能力的同时，与人合作的能力也会无形中得到提高。

第三、看"小鬼"如何处理"突发事件"。

　　家庭生活中总会碰到各种各样的"突发事件"。比如，由于前一天全家"奢侈"了一回，下了一趟馆子，导致今天的菜金比较吃紧，他跟家人商量好今天实行"素食主义"，以平衡资金支出账目。可是下午伯父突然打电话说要来做客，家里只有青菜，一点像样的荤菜都没有，要出去买就必须动用明天的菜金，怎么办？再比如，家里的网络突然陷入了瘫痪，爸爸正在远程办公，急需上网，看他如何以最快的速度取得与通讯公司的联系，以及如何跟对方协调，请他们到家里来检修网络。

　　家长甚至可以适当地给孩子制造一些"突发事件"，锻炼他的应急协调能力和处世能力。这种锻炼有利于孩子开动脑筋，想办法、找对策，对孩子来说是一种积极的尝试。琪琪自告奋勇要帮爸爸妈妈当一天家，早上煮了一顿饭，由于不知道水和米该放多少，结果煮出来足够一家人喝三天的。琪琪跑到爸爸妈妈那，愁眉苦脸地问该怎么办。爸爸把手一摊，表示无能为力，说："小家伙，你认为应该怎么解决呢？"琪琪只得回去，把一家人的饭先盛出来，把剩下的放进了冰箱。中午的时候她又热了一下，实在吃不了的给家里的狗狗小白喝了。爸爸夸她处理得很好，在浪费不可避免的情况下把损失降到了最低。

第四、听"小鬼"细数感恩。

　　天下父母心，都是一样的，为儿女付出任劳任怨。虽然你说，不需要儿女回报你们什么，只要他成长的路一帆风顺就好。但是你想过吗？你不去创造条件让他知道感恩，他自己永远也无法体会到。而在这个社会上，感恩之心的缺失无疑是一种悲剧。不懂感恩，他将会没有朋友；不懂感恩，他将无法体会爱；不懂感恩，他将走得一路坎坷。

当孩子当一天家，晚上边给你捶腿边跟你说："爸爸，你辛苦了！我以前不知道，原来当家这么累！"你是否觉得孩子真的长大了？你是否会心中一阵宽慰？

不当一回家，孩子永远也无法体会父母的辛劳。他不早起准备早餐，怎么会知道妈妈每天早上端上营养美味的早餐叫他起床之前付出的苦累？他不趴在地板上擦三遍地，怎么会知道每天回到家里总是那么干净的背后妈妈淌下的汗水？他不攥着有数的十几块钱去菜市场跟小贩讨价还价，怎么会知道爸爸在外赚钱的艰辛？

你不让他当一回家，怎么会有晚饭后那盆热气腾腾的洗脚水？

写给父亲的一封信

1. 不可强迫。请孩子当家，要在与孩子充分协商的基础上，不可以将自己的意志强加于他的头上，这样的结果只会适得其反。

2. 不可要求太高。当孩子把饭做糊了的时候，不要训斥，更不要失望。扶着他的肩膀，安慰他："没关系，这下你知道怎么不会做糊了。这就是收获。"

3. 给孩子全权决定权。孩子当家，你却在一旁不停地出谋划策，在孩子眼里，这个家他当得不够有权，也就没有激情。

从名言中学教育：

俗话说："不当家不知柴米贵。"偶尔换个角色，让孩子当一回家，让他体会一下你为这个家付出的辛苦与满足。

礼仪篇

礼仪是一个人的第二张脸。大家认为某个人"很丑"，但其实他可能长得貌似潘安或者闭月羞花，原因在于此人不知礼仪。行为方式的丑可以掩盖外表的美，但外表的美永远遮不住行为方式的羞。

教孩子懂礼貌、知礼仪是父母的义务，这不仅体现着孩子的教养，更会影响孩子一生的人际关系、事业发展。

人有礼则安，无礼则危。
——《礼记》

9 让孩子帮忙招待一次客人

有的父母常常抱怨自己的孩子都五六岁了还不懂怎么与人交流，甚至对幼儿园里的小同学都有些漠然。这时候家长应该反省一下自己在平时待客时是怎么教孩子的，因为习惯是在平时养成的。

造成这种性格的原因，除了天生内向的因素外，还有可能是因为孩子平时没有机会接触客人。很多家长都认为孩子三四岁时，不懂什么待客之道，于是只顾自己热情地招待客人，把孩子晾在一边自己玩耍。更有过分的家长因为要跟客人聊家常而把孩子关在自己的房间里，以免他碍手碍脚，一会儿要吃的一会儿要喝的。在这样一次次的忽视中成长起来的孩子，会认为客人来了避开是正确的，久而久之连见了同学朋友都要扭头走开，成为别人眼中的"怪小孩"。

父母应该尝试让孩子学习以主人的身份去招待客人。待客对于孩子来说是非常好的练习表达能力和与人交往能力的机会。当然，待客中有很多礼数需要学习，在这方面，我国近代著名的画家、文学家丰子恺先生是很有经验的。

丰子恺的儿子丰陈宝小时候在外人看来是个很没礼貌的孩子，因为他特别怕生，不知道与人打招呼，所以难免显得有些不懂事。

有一次，由于工作需要，丰子恺要去上海待一段时间，把十三四岁的小陈宝也带在身边，让他帮忙做一些抄抄写写的工作。有一天，父子住的地方来了一位客人，陈宝见不认识，就一直没有打招呼。等客人跟父亲谈完要走的时候，来跟他打招呼告别，小陈宝有些惊慌失措，最终也没说一句话。

送走客人后，丰子恺跟儿子说："客人来向你告别，你怎么可以对人家不理不睬呢？"自那以后，丰子恺特别重视对儿子的待客教育。他说，客人来了，应该先问好，请客人落座，再为客人沏茶、聊天，端茶的时候

一定要双手奉上，这样才算恭敬。他还做了个风趣十足的对比："一只手给人端茶送饭，那是皇上对臣子、游人对乞丐、父母对孩子，是不恭敬的。"

除此之外，丰子恺还教育陈宝："客人送你礼物，一定要用双手去接，并要鞠躬表示谢意。"在父亲这样谆谆的教诲下，陈宝渐渐成长为一个待人接物都彬彬有礼的孩子。

要训练孩子待客的能力，主要可以从以下几个方面来实施。

第一，"规矩"先行。

孩子不可能天生就懂得待客的礼仪，因此在日常生活中父母先要抓住时机经常给他讲解待客的各种"规矩"。

比如亲友来访时，孩子要跟大人一起热情迎接，开门先说"请进"，然后主动问好；把客人请进屋后，要热情地给客人沏茶倒水。如果家中有点心或水果，要给客人拿出来请他品尝，不应该收起来留着独自吃。大人谈话时，小孩不应该随便插嘴，更不应该粗鲁地打断客人的话。如果客人带着与自己年纪相仿的小朋友，应该拿出自己的玩具或零食与他分享。如果在家中就餐，客人入座之前自己不要先坐，要待餐具摆放妥当、客人都做好用餐准备后再行入座。夹菜时要夹面向自己这面的，不可满盘乱翻。客人要离开时，要热情送别并请对方下次再来做客。

另外，还有一些特别的待客之道，就是凡是来到家里的都是客。在待客时，不管对自己喜欢的人还是"伤害"过自己的人都应该以礼相待，不可以冷落，甚至驱逐客人，这能够体现一个人的修养。

第二，端正"身份"。

很多孩子都抱着这样的态度，爸爸妈妈才是这个家的主人，我还没有长大，我还不是主人。作为父母，要让孩子从这种思想里走出来。

童童10岁了，今年刚升四年级，邻居们都夸她又懂礼貌又懂事，像个小大人一样。

一个周日的下午，童童家的门铃响了。童童开门见是妈妈的朋友张阿姨，连忙问好。张阿姨一边接过童童递过来的拖鞋，一边问："小童童，你妈妈呢?"

"张阿姨,我妈妈去买菜了,一会儿就能回来。您先进来坐着等她一下吧,我给您倒点水。"童童答得有条有理,说得张阿姨心头一阵喜欢。

把阿姨让到沙发上,不一会儿,童童就端着水过来了:"张阿姨,外面挺冷的吧? 快喝杯热水暖暖。"阿姨微笑着递了过来,说:"童童你去写作业去吧,阿姨自己在这儿等会就行了。"谁知道童童却摇摇头,笑着说:"没关系阿姨,我陪您聊会儿天。正好我写作业也写累了。再说,您是客人,我是主人,怎么能冷落了您呢? 妈妈会批评我的!"

多会说话的孩子啊,自己要陪客人,还不让客人有压力,觉得占用了她的学习时间。张阿姨不禁喜欢地摸了摸童童的头。

一会儿妈妈回来了,张阿姨热情地夸赞了童童一番,说这孩子在小区里是出了名的懂事,这回受到她的"亲自"接待,果然名不虚传。

要像童童的父母一样,让孩子明白,他是这个家的主人,因此有客人来时,他不应该躲在自己的小房间里,装做与己无关,而是应该走出来,跟父母一起迎接客人。如果孩子一开始不懂得这个道理,那可以给他一个机会,请他帮你接待一次客人。久而久之,孩子就会培养起"我是家里的小主人"的意识。当然,孩子小的时候,行动上并不利落,让他做到完美是强人所难,这时候让他参与一些他力所能及的待客活动即可。随着孩子长大,礼仪知识越来越丰富,他自然就可以独立待客了。

第三,"榜样"力量。

父母的待客之道是孩子最直接、最生动的教材,要不怎么说"己正而后能正人"呢! 如果想让孩子学会礼貌待客,自己首先要规范自己的行为,树立榜样形象。

孩子天生有极高的模仿能力,父母的行为往往会潜移默化地影响他们。如果一对父母有很高的修养,在待客时分寸得当,不失礼节,孩子在耳濡目染中一定也能培养起良好的礼貌品质;而如果父母本身就不懂得如何以礼待客,还奢望孩子能够从小学会这门功课,那就是很难的一件事了。

因此,父母要在日常生活中,利用家中来客人的时机,给孩子做出表

礼仪篇

率，以实际行动告诉他怎么样才是礼貌待人。做父亲的应始终记住：榜样的力量虽然无声，但却有力。

第四，斟酌点评。

如果孩子表现很好，那父母可以当着客人的面进行表扬，在客人走后，也要记得补充表扬。如果孩子做得不够好，则要等客人走后专门跟孩子交谈一下，首先肯定他做得好的地方，然后帮他分析不足之处，让他明白这样做会给别人留下什么样的不好的印象，从而帮他改正缺点，在以后的待客活动中多加注意。

无论孩子做得如何，都要适度地给予评价，让孩子察觉到你有反应。因为外界的反应是刺激孩子学习和提高的催化剂。值得注意的是，假如孩子不小心出现失误，比如碰翻了茶水、打碎了菜碟，都不要批评他，不可以当着客人的面让他下不来台，要保护孩子的自尊心，原谅他们因为经验不足而出现的差池。

写给父亲的一封信

在礼仪教育上，除了以上的基本方法外，还有一些需要家长特别注意的地方：

其一，在教孩子待客礼仪时，家长往往由于这是孩子必须具备的素质而略显心急。特别是孩子在客人面前不讲礼貌让家长感到面上无光时，家长更是认为要赶紧将孩子这个"徒弟"带出来，因此就强迫孩子必须学习。孩子一旦学得不好，轻则训斥重则打罚。这是一种普遍存在的不正确的心态。

礼仪本来就应该是在长时间的点滴积累中形成的，你的孩子也不可能一夜之间由一个顽劣少年变得彬彬有礼。给孩子一些时间，允许他一点点变得懂礼貌起来，这是最温柔的教育方式。

其二，有的孩子天生胆小害羞，见客人一来马上躲起来，做父亲的这时千万不要硬把孩子拖出来要他向客人问好。首先家长这种强迫的行为就是不礼貌的，其次，这样容易导致孩子形成逆反心理，更加疏于甚至抗拒学习礼仪。

这时候家长应该做的是引导孩子自己走出来跟客人打招呼，如果孩子实在不愿意出来，那就等客人走后再告诉他："这样做是不对的，与客人打招呼是最基本的礼仪规范。"还可以引导他推己及人，"如果你到了别人家做客是不是也希望受到对方的热情欢迎呢?"经过这样的引导，孩子设身处地地想过以后，其礼貌就会是发自内心的了。

 从名言中学教育：

德国思想家歌德有这样一句名言："一个人的礼貌是一面照出他的肖像的镜子。"对父母来说，孩子的礼貌也可以找出父母的肖像。不妨让孩子帮你招待一次客人，让他慢慢学会以礼待人。

礼仪篇

10 让孩子请自己的朋友来家里开一个生日派对

你的孩子朋友多么？他们是否会来你家做客？孩子生日的时候你是否让他请自己的朋友们来家里办过派对？

霏霏今年的生日过得特别开心，以往过生日，爸爸、妈妈、爷爷、奶奶甚至姑姑、姨妈都会给她准备礼物，但这一两年来，霏霏好像不太满意这种形式了，过得并不像往常那么开心。

于是今年，霏霏过生日之前好多天，爸爸就跟妈妈商量起来了："知道为啥咱家宝贝每年过生日都不太开心吗？"妈妈一脸疑惑："我也发现了，可是大家给她的礼物都是精挑细选的啊！我实在想不出。"

爸爸得意地一笑："我知道秘密在哪儿啦！那天我去幼儿园接孩子，去得早了一些，孩子们还没放学，正在园区活动。我发现孩子跟几个小朋友一起玩坐滑梯笑得那么开心，那种笑容在家里好像好久都没见到了。"妈妈点点头，等着爸爸的下文。

"看来小丫头已经到了需要友情的年纪了，不再是什么都赖着爸爸妈妈陪她一起的小小孩了，长大喽！所以我想，今年霏霏的生日，咱们就请她的小朋友们都来家里开个派对，怎么样？这样一来，孩子一是会更开心，再一个我们接受了她的朋友，她就更容易对我们敞开心扉。"

"好主意！"妈妈兴奋起来，说做就做，就要准备生日派对的用品，爸爸赶忙拦住他，说："咱们何不让孩子自己来设计呢？让她自己请朋友，自己设计派对主题，自己布置派对现场，我们只需要给她足够的幕后支持就够了。不是吗？毕竟孩子长大了，要有自己的朋友了，以后处理朋友关系都要她自己来，我们也应该慢慢放手了。"

就在这样的布置下，霏霏今年过了一个完美又热闹的生日，生日上有她的好朋友们，还有爷爷、奶奶、爸爸、妈妈这些大朋友。

现在家庭中"少子化"的现象导致孩子在学校之外的时间很少有机会跟同龄人交流，尤其是上幼儿园的孩子，这种现象更为普遍。你会发现孩子回到家要么自己玩玩具，要么跟在大人后面进进出出，总是需要大人陪伴，搞得大人心烦、孩子不开心。倘若大人一味迁就孩子的依赖，还容易造成孩子以自我为中心的狭隘性格。甚至在学校中，孩子也不懂如何交朋友，以自我为中心的性格导致他们难以容下别人。

然而，父母需要知道的是，人的一生中最温暖、最持久的友谊是年少时的友谊。友情对孩子的一生都是重要的，学会交朋友也是一种能力。也许小孩子的友情只存在于简单的一起玩耍的层面上，甚至可能会因为争抢同一个玩具而吵闹，但是千万不要小看这种友谊，要给孩子留足交朋友的空间。友情让孩子学会忍耐、谦让和欣赏别人。孩子会在交友中学会与人相处之道，这对他以后的为人处世都是极为重要的。

不妨在每年孩子生日那天，都让他请自己的朋友们来家里做客，帮他们办一场派对。对于孩子来说，这不只是让他的朋友们来分享他的生日蛋糕那么简单，这样会让他感到父母接受了他的朋友，从而也就会将你也当作朋友。

让孩子接收到你鼓励他交友的信息后，再来看如何帮助孩子交友。这个帮助是大有学问的，不可不帮，又不可多帮。

第一，要尽量多给孩子创造与朋友一起的条件。

孩子一开始当然是不懂得如何交朋友的，这就需要家长帮他创造条件，一步步地引导了。你要为你的孩子和其他小朋友"牵线搭桥"，给他们创造机会。比如，接他放学回来先让他在小区的游戏区跟小朋友们玩一会儿再回家，常带他去有同龄小朋友的邻居家串门，多邀请他的同学来家里玩，等等。

第二，对待孩子选择朋友的态度是先尊重后引导。

谁都希望孩子交的是品学兼优的朋友，但他们往往不知如何分辨，交的朋友良莠不齐。这可让做家长的在一旁着了急，有些性子快的家长直接就勒令孩子马上停止和坏品质朋友的交往。这种方式是十分不可取的，起不到效果不说，还往往会使孩子与你产生隔阂，觉得你在干涉他的自由，

礼仪篇

进而形成反叛的性格。这样做的最终结果很可能是孩子为了与你"对着干"，偏偏和那个"坏孩子"关系更好了。这岂不是"赔了夫人又折兵"的下策吗？

微微的爸爸就是这么一个特别"关心"女儿的人。

一天放学，微微和一个同年级的男生同路，两人在一起相谈甚欢。聊到最近的一本畅销书时，微微说："我家就有啊，我爸上个周末给我买的！"男生说："真的吗？我特别喜欢那个作者，等你看完借我看看好吗？"微微说："现在就可以呀，你直接跟我来我家吧，我拿给你。"

到了家，微微先给爸爸介绍说这是同班同学，来家里借本书。这时她发现爸爸的眼神很不对，奇奇怪怪地上下打量着人家，微微的脸上就挂不住了。无奈，她只好让客人先在客厅等着，自己进了书房。等她把书拿出来时，发现爸爸在"盘问"他的同学。看到同学脸上尴尬的表情，微微觉得自己像是受到了侮辱。

送走同学，微微回到家就气冲冲地进了卧室，还一把把门摔上了。父亲愣在了客厅，还不知道自己做错了什么。

在对待孩子的交往上，父母的尊重尤为重要。如果你不懂得尊重且相信孩子，很可能造成两代人之间的隔阂。

当然，父母的关心也不全是像微微爸爸这样的"多余"的。当孩子交到坏朋友时，最好的处理方式是：引导孩子认识坏朋友的坏处，比如这个孩子总是说谎、不爱干净，到了别人家没有礼貌，不经人允许就进厨房吃东西，还乱开别人抽屉。这样，不用你强求，相处时间一长，孩子自然就能意识到你说的都是正确的，到时候再让他自己决定取舍。这样的选择的过程是由孩子亲自参与的，结果也就更乐意接受。

第三，尊重孩子的性格。

孩子交朋友的数量是取决于他的性格的。如果孩子性格偏于内向，不喜欢交太多朋友，那么也请尊重他的这一点。朋友重质量而不是数量，处得来的朋友，一个就足够。但要注意引导这一类型的孩子多去发掘别人身上的优点，多多去欣赏他人。如果孩子的性格偏于外向，那则可以由他自己去广交良友，但要注意帮他筛选，弃劣留优。

第四，培养孩子多方面的兴趣。

孩子往往会由于兴趣相同而走到一起，如果他不会唱歌，就不会被邀请参加合唱团；如果他不会跳舞，就不会被邀请去参加舞会；如果他不会下跳棋，就不会被邀请参加棋友俱乐部。孩子的特长从某一方面来说是他交朋友的工具。有了相同的志趣爱好，孩子们交流起来也更顺畅，话题更多。

第五，以身作则，择友择优。

父母的朋友往往会成为孩子择友的标准，父母的朋友的孩子往往会成为孩子的好朋友，因此为了给孩子建立良好的交友环境，父母一定要先考虑自己周围朋友的品行是否优良，以防给孩子造成坏的影响。另外，父母与朋友相处的方式也会为孩子所模仿。父母常常在家邀请三五好友聚会，从小耳濡目染的孩子也会形成乐观开朗、广聚朋友的性格。

 ## 写给父亲的一封信

请大胆地鼓励孩子去追逐友情吧，但有几点提醒与建议：

1. 对孩子朋友的质量要求不要太苛刻。

每一位父母都希望自己的孩子周围全是学习成绩好、人品优良、能力超群的优秀孩子，这样的朋友好是好，但还要看孩子与他们在一起能否适应。不一定与优秀的人在一起自己就会变得更加优秀。有可能因为周围都是比自己强的同龄人，孩子反而会产生自卑感。永远记住一条：适合孩子的才是最好的。因此，由着孩子自己选择朋友，只有他才能深刻体会什么样的朋友才是自己最想要的，父母只需要在一边给予指导和建议就好。

如果父母一味地禁止孩子跟某些他喜欢的但在父母眼中不够优秀的朋友相处，而是推荐给孩子自己认为好的孩子。久而久之，孩子就会封闭自己，不愿意再出去独立结交朋友。

2. 让孩子自己处理与朋友的关系。

孩子交到朋友以后，处理与朋友的关系、维持与他们的亲密交往是孩子必须要亲力亲为的事。在这方面，父母可以出主意，但不可以代替孩子。

比如，孩子与朋友出现了矛盾，在家里表现得闷闷不乐，这时候家长可能会因为着急而亲自协调两人的关系，这并非明智之举。父母可以引导孩子做大度的一方，主动承认错误，挽回友谊；如果孩子一时被气愤充塞了头脑，要帮助他慢慢疏导坏情绪，分析整件事情的始末，理性地指出各自做的不当之处。甚至可以联系对方家长，共同帮助两个孩子回复到从前的亲密。但这其中，"主人公"始终都应该是孩子，家长只能是躲在幕后的辛勤的"导演"。

3. 在孩子"受伤"时给他以温暖。

友谊不一定都是长久的，总有些友谊会变质，小孩子之间更容易出现这种情况，加之孩子心理承受能力差，容易受到打击。例如几岁的孩子偶然听到好朋友当着别人的面说他的坏话，他会有种被背叛的感觉。这个打击可能会导致孩子郁郁寡欢，甚至可能改变他的友情观，很需要亲人的安慰。但他自己往往说不出口，因为他认为被人背叛是很不光彩的事。做父母的这时候一定要善于观察孩子的情绪，及时发现，跟孩子好好交流沟通，引导他走出阴霾，重新获得追求友情的健康心态。

 从名言中学教育：

俄国大诗人普希金说："不论是多情的诗句，漂亮的文章，还是闲暇的欢乐，什么都不能代替亲密的友情。"孩子也是需要友情的滋润的，请你在孩子寻找友谊的路上帮他一把。

11 毕业后让孩子去拜访一次他的老师

韵韵跟爸爸去看望爷爷,回家的路上经过她毕业的幼儿园,突然说要下车,去幼儿园看看。以前韵韵也曾跟爸爸妈妈提过,要回去看看,但是爸爸妈妈都没有时间带她过来。

不过因为今天是星期天,看韵韵这么执着,爸爸糊涂了:"宝贝,今天过周末,幼儿园里空荡荡的,没有小朋友,你去找谁啊?"韵韵也不说话,拉着爸爸一直往前走。

不用说,幼儿园大门紧闭,但韵韵不甘心,绕着大门转了转,居然发现旁边的小侧门是虚掩着的。也不顾招呼爸爸,韵韵就先冲了进去,径直往教学楼跑,一边跑一边喊:"王老师,李老师,你们都在园里吗?马韵小朋友来看你们了。爸爸妈妈说,我不能忘了你们……"说着说着,孩子的声音渐渐小了下去,她显然发现了今天幼儿园里一个人都没有。

爸爸跟在后边,听着孩子稚嫩的话语,突然一阵感动。爸爸经常教育韵韵,要尊敬老师、不能忘了老师的恩情。因为孩子的懂事,在幼儿园的时候也颇受老师的疼爱和照顾,因此孩子对他们总是念念不忘。他反省自己,却只是把尊师重教放在了口头上,从来没带孩子回来感谢过老师们。在这方面,孩子反倒成了他的老师。

《学记》中有一句话:"师严然后道尊,道尊然后民知敬学。"其大致意思是:教师受到尊敬,然后学问才能受尊敬,学问受尊敬,才能使人重视学习。老师是孩子迈进知识殿堂的引领者,因此父母要教孩子尊重自己的老师。

但是现实生活中常常有学生跟老师发生矛盾的例子,孩子表现出来对老师十分反感,比如刚上初三的冬瑞就是这么一个孩子。

冬瑞升初三以后,数学成绩直线下降,父母感到很疑惑:这孩子初

礼仪篇

一、初二的时候数学成绩很好啊，现在是怎么了？父母慌忙给他请了家教，但丝毫不见起色。父亲留意到：孩子经常有意无意地提到自己的数学老师不好，这让他怀疑儿子成绩下降是不是与数学老师有关。于是他找时间跟儿子长谈了一次，结果听到的全是对数学老师的抱怨。

原来，儿子上初三以后，学校给他们换了一个数学老师。在儿子眼中，这个数学老师一点儿也不慈祥，至于别人所说的这个老师的教学水平之高他是一点都没看出来。特别是那次，冬瑞由于粗心做错了题而被老师批评以后，他就彻底讨厌上了这个新的数学老师，用他的话来说就是"看到他就烦"。冬瑞的爸爸开始担心起来：不喜欢数学老师，怎么可能把数学成绩提上去呢？数学成绩不好，势必会影响半年之后儿子的中考成绩，这下可如何是好！

为了帮冬瑞的爸爸解决这个烦心事，我们先来分析师生矛盾产生的原因，总结来说，原因有四：第一，孩子没有受到老师的重视，课堂提问总也不点他的名，即使孩子在举手，更别提课后跟孩子交谈了；第二，孩子先天不喜欢这一门功课，进而不喜欢任课老师，同时认为自己成绩不好，老师也不会喜欢自己；第三，孩子总是因为不遵守课堂纪律或犯了错误而受到老师的批评，缺少成功、愉悦的心理体验，导致感情上出现了隔阂；第四，由于老师的无意或者失误，冤枉了学生，学生耿耿于怀，甚至产生怨恨情绪。

孩子与老师关系处理不好，会影响孩子的学习成绩和成长。如果孩子真的出现了类似的问题，家长一定要适时引导，且要私下做一些工作。

首先，家长要与老师加强沟通。

对于老师来说，他平时讲课要面对几十个学生，不可能个个都照顾到，无意中遗漏了对某个学生的关心是极有可能的，只是有的学生不太在意，而有的学生过于敏感而已。对于家长来说，即使某个任课老师讲课水平并不高，但只要他勤勤恳恳、认真对待自己的工作，就是值得尊敬的，就应该教育孩子认同这个老师，向孩子灌输尊师重教的理念。假如老师误解了他，告诉他老师一定是无意的，无须太过在意。

私下里，家长要主动去跟老师做一下沟通和交流，向老师反映孩子的心理动向，建议老师多多关注一下自己的孩子，帮助他走出厌烦老师的心理误区，与老师一起帮孩子把学习成绩提上去；或者与老师共同采取措施，来缓和师生矛盾。万万不可抱着偏见认为万事都是老师的错，从而站在狭隘的立场上对老师无所顾忌地品头论足。这样不仅对缓和师生矛盾没有一点作用，反而容易将已有的矛盾催化加剧。最有效的方式，是请老师做几件孩子看得见的实事，以表示老师对他的关心。爱往往能够化解一切矛盾。

其次，入学前就教育孩子要尊重老师。

要处理好孩子与老师的关系，最重要的前提是在入学前就将尊重老师的道理给孩子灌输透彻。如果家长不给孩子灌输这种观念，那么孩子可能不会对老师产生理所应当的"敬意"。而如果没有这种先入为主的"敬意"的存在，孩子就可能不能"容忍"老师对自己的"无视"或批评教育，从而对老师产生反感。

元朝大戏曲家关汉卿曾有言："一日为师，终身为父。"尊师重教是中华五千年文明传下来的古训，每一位父母都应该在孩子懂事之初就教育他这些礼仪规范，所谓"为学莫重于尊师"。只有这样，孩子才会在求学的路上始终谦虚好学，不断增长本领。好学之人才能让自己长久地立于不败之地。

再次，如何面对实在不喜欢老师的孩子。

孩子如果实在不喜欢某个老师，那也不必太过强求他，有时候强求反而会带来更坏的结果。不喜欢老师，孩子成绩下降是必然的；孩子成绩太差，才对老师有反感，这都是相互的，陷入了一种恶性循环。

这时候，"揠苗助长"只是在做无用之功，家长应该冷静下来，寻找其他的解决途径，比如帮孩子请家教或者到学校本学科的其他任课老师处进行课后复习。慢慢地，孩子的学习成绩提上来以后，对老师的反感就不会那么强烈了，渐渐由恶性循环走向良性互动。

《莫愁·现代家教》中提到了这样一个故事：佛罗里达州有一位中学生，有一天他上完排球课，闷闷不乐地回了家。母亲见状，忙问他怎么了。这个孩子吞吞吐吐地道出了原委：自己排球技术挺好，本来是有希望

礼仪篇

进学校排球队的，但教练挑人的时候却选中了班里另外一个男生。他落选了，所以心情很低落。这位母亲没等听完便开始破口大骂孩子的排球教练，甚至怂恿孩子第二天去学校质问教练。

写给父亲的一封信

现实生活中总有这样的家长：孩子突然成绩下降了，责任全推向老师；孩子做错事违反了校规校纪，责任全在学校。这跟孩子小时候不小心摔一跤，家长把责任推给地上的石头有什么区别呢？与其对老师和学校牢骚满腹，不如静下心来检查一下孩子的行为。以下提供几种方法，以供借鉴。

法 1 预防而非惧怕老师

有些孩子虽然平时行为并不符合规范，但由于对老师有一种惧怕的情绪在，因此老师在的时候就乖乖按照规范来，一走出老师的视线，就判若两人。这种态度并非尊敬老师，而是惧怕老师，是一种不正常的状态。这样的孩子在学校一定是被动和消极的，不利于学习。

究其原因，可能是由于孩子天生胆小，或者以前曾受到过老师的批评，或者见到过老师严厉地批评别的同学，以至于见到老师就害怕。家长应该引导孩子理解老师，请他多多留心观察老师的笑容、老师耐心指导学生写作业的情景，以及老师下课跟学生一起玩耍的情景，等等。多看看老师亲切的一面，孩子就会理解老师偶尔发脾气，知道老师是为了学生好。

尊师重教是应该的，但发展到惧怕老师就不正常了。如果你的孩子有这种情况，一定要及时引导孩子走出误区。

法 2 预先让孩子认识规章制度

学校与家的环境不一样，有很多"条条框框"，因为要想让成百上千个孩子在同一个环境里生活得有条不紊，就必须有一定的规章制度做后盾。规章制度是每个学生都必须遵守的，不遵守就应该按违规违纪处罚，否则就不能保证整体的良好的学习环境。

孩子刚从家中走入学校时，学校的规章制度可能会让他有被束缚感，这就需要家长提前做足"功课"，教育孩子规章制度是合理存在的，是必须遵循的。反之，如果家长总是与孩子站在同一条战线上（有可能孩子错在先），认为学校的规章制度不合理，影响了孩子的发展，不仅改变不了大环境，而且还会激化孩子对学校的偏激的看法，进而更加影响孩子的健康成长。

总之，孩子毕业后，让他去拜访一次他的老师，教育他尊师重教，同时也有助于孩子今后始终抱持一种良好的学习态度、谦逊做人。

 从名言中学教育：

我国古代著名的商人、秦国丞相吕不韦说过："古之圣王，未有不尊师者也。"更何况我们凡人。尊师重教是我国的传统美德，让孩子去拜访一次他的老师，等于让他上了一堂尊师重教的课。

礼仪篇

12 带孩子去参加一次宴会

场景一：国庆节同学聚会，你把孩子带在身边，想让昔日的老同学们看看你培养出的这个跟你几乎一模一样的小小男子汉有多懂事，心里多少带点炫耀的成分吧。谁知道他到了酒席上，旁若无人地大吃大喝起来，把食物掉得满桌都是，嘴里的牛肉还没咽下去就大声喊服务员拿餐巾纸，让你这个当爸爸的颜面尽失。

场景二：外国友人邀请你们一家去他家赴宴，去之前你千叮咛万嘱咐你家的小公主，表现一定要大方得体，她把头点得如同捣蒜。哪想到一见到宴会的豪华场面，小姑娘立刻战战兢兢起来，连起初教给她的对人的称呼都表达得没有底气。一场宴会对别人来说是享受，对她来说是折磨。看她可怜的小模样，你又舍不得埋怨。

场景三：你和孩子的妈妈为他举办生日派对，光筹备就费时费力。没想到到了他生日当天，派对的主人公却在中场嫌太过无聊，躲到自己房间玩起了游戏。宾客们临走要跟小寿星道别时，却四处都找不到人了。一场生日派对成了一出闹剧。

一个举止得体的孩子，会给你带来骄傲；一个举止得体的孩子，会给他带来旁人赞许的目光；一个举止得体的孩子，会让他自己增强自信。举止得体不光要靠父母教，更要注重实践，也就是说，要在合适的时机，带孩子去参加一场宴会，让他从宴会中学到做客的礼仪。

宴会实际上是一种社交活动，宴会上，吃是形式，交际才是实质性内容。因此，带孩子去参加宴会，让他从小就有机会目睹这种社会上特有的交际方式，对他以后的与人交往有很大裨益。当然在去参加宴会之前，首先要教孩子学会基本的宴会礼仪，以便他能在实践中应付自如，不致吓傻或频频出错，让人怀疑你对他的教育和影响。

宴会礼仪主要有两种，一种是西餐礼仪，一种是中餐礼仪。

西餐礼仪是一个人有着很高素养的体现。如果家中有条件，可以专门带孩子一起选择一家正规的西餐厅，在尽享美味的同时，让孩子了解最起码的西餐礼仪。下面我们就来简单介绍一下西餐礼仪，家长可以参考以下内容来对孩子进行入门教育。

首先，西餐礼仪的教授首先要从预订座位开始。这是香港礼仪培训专家给家长们的意见，因为越高档的饭店越需要预约。告诉孩子在预约时需要明确的项目，比如人数和时间、对座位位置的要求，等等。按照预定时间到达饭店是最基本的礼仪。

其次，进入餐厅时，男士要为女士开门，待女士都进入后自己再进。在服务员带领、就座、点餐时，都应遵循"女士优先"的礼仪。入座时会有服务员帮客人拉椅子，待椅子被拉开后，从椅子的左侧走至椅子前，站在几乎要触到桌子的位置，这时服务员会把椅子往前推，待腿弯碰到椅子时，就可以坐下来了。

再次，就到了正式就餐的环节了，只需让孩子记住西餐礼仪10大要点，一般就不会出错。10大要点如下所示：

1. 嘴里有食物时不要说话。

2. 待所有人都入座后再开始食用。

3. 不要比别人提前离席。

4. 当你面前摆着一套大小不同的刀叉时，要遵循"从外到里"的原则，即先用最外面的一副刀叉吃第一道菜，然后依次用往里的刀叉吃接下来的菜。

5. 不要把手肘放在桌面上，同样的，书本、游戏机也不可以。

6. 对服务员态度要友善，不必害怕问问题，但也不要高高在上，他们是你的朋友。

7. 穿戴要与场合相吻合，妆容要得体（对女士来说）。

8. 不要去够你本来够不到的食物，可以请别人帮忙拿给你。

9. 有些食物本身就是用手吃的。

10. 不要在你的食物上涂抹番茄酱，除非它原本就配有番茄酱。

第二种宴会礼仪在我们日常生活中用得较为普遍。较为正式的宴

礼仪篇

会不同于平常的朋友聚餐，还是有很多礼仪可循的。家长一定要教孩子牢记这些礼仪，孩子才能成为宴会上人人夸赞的小童星。

阳阳的爸爸要去参加同学聚会，正好这天阳阳的妈妈出差了。爸爸为了难，带不带阳阳去呢？带他去吧，怕他没见过世面、不懂礼貌，表现不好；不带他去吧，让他一个人在家自己更不放心，毕竟小阳阳才三岁多点。

最终爸爸还是带着阳阳出现在了同学聚会上，让他没想到的是，好多同学都是带着孩子来的。正是饭前的空当，孩子们天生就爱热闹，凑到一块很快就玩做了一团。不一会儿，班长招呼大家坐好，孩子们跟着各自的爸爸妈妈坐。

饭桌上，当大家善意地跟阳阳的爸爸开玩笑称他是"超级奶爸"时，爸爸还有些不好意思。这时候服务员来加茶水，阳阳说了一句话："谢谢服务员，茶香悠悠淡淡愁。"把整个包间的人都逗乐了，大家纷纷夸阳阳懂事。

爸爸高兴地把他抱在了腿上，原来这句诗是前几天爸爸教阳阳念的。没想到这孩子不光懂礼貌跟服务员道谢，还由茶想到了这句诗。"真是太给我长脸了！"爸爸在心里偷偷地想。

其实，大家对孩子的要求并不高，孩子稍稍有懂礼貌之处就会被大人们夸赞。但有关宴会的基本礼仪仍不可不详细教给他。

接到正式的宴会请柬，不管能不能准时出席，都要给对方回复。有些请柬上会直接标有"R. S. V. P."（"敬请赐复"）的字样，提醒你告知邀请人你的决定，以便对方安排座次和点餐。如果已经答应了对方会赴宴，但由于临走有急事不能履约时，应尽快向对方解释，或者亲自登门道歉。道歉的过程应该让孩子参与，这样他就会明白履行承诺的重要性。

出席宴会时，要认真梳洗打扮，衣着要符合宴会的场合和要求。这不仅是对自身形象的考虑，更是对宴会主人的礼貌。因为如果赴宴的每个人都容光焕发，那么宴会主人一定大有面子。可以选择一些合适的礼物，比如红酒、鲜花，或者给对方的孩子带个礼物。给对方孩子的礼物不妨就让孩子亲手送给对方，这样一下就拉近了孩子们的距离，让孩子直观地感受到礼仪在人际关系中的作用。

准时赴宴更是一种绅士必备的礼貌，体现的是对主人的尊重和对宴会的重视。倘若你在赴宴时迟到或早退，会让主人感觉受到了冷落，是一种失礼的行为，在上流社会中是为大家所不齿的。那么具体应该在什么时刻到是最有礼貌的呢？一般认为，不让主人感到局促又不失礼貌的到达时间是准点或者提前2～3分钟。如果孩子吵闹耽误了时间，一定要严肃地告诉他，不能准时到达是不礼貌的。

如果宴会场所设在主人家，进门后要在门厅脱外套、摘帽子、摘手套、换鞋。尤其是在与人握手时一定要先摘下手套。进门后要向女主人致谢、向男主人致意。如果主人家里有孩子，可以夸奖他几句以表示喜欢。可以让孩子跟对方的孩子一起玩，但不可太随便，当成自己家一样。

入席时，要听从主人的安排，不要自己决定座次。如果被安排坐在比较重要的位置上，也不要过分推让，客随主便即可。如果主人提供的饮食不合自己的胃口，不要表现出来，即使很不喜欢也要多少吃一些。这一条对孩子尤其要强调到位，因为在家时父母往往可以按照孩子的口味做饭，但在外就不一样了。

另外，还要防止孩子当众挑食，或者专盯着自己爱吃的一盘菜一直吃。要提醒孩子在饭桌上照顾别人。比如给坐在自己旁边的孩子夹菜，或者给对面的阿姨递餐巾纸，这些小小的举动都会给孩子带来一片喝彩。

写给父亲的一封信

关于宴会礼仪，家长可以在带孩子去之前"临阵磨枪"地教一些，但有很大一部分礼仪在某种程度上来说是一种习惯、一种有教养的表现，需要孩子在日常生活中养成。

比如用餐的动作要文雅，每次夹的菜量要少；夹起来的菜不可以直接放入口中，应该先放在面前的小盘里；手肘不要放在桌子上；喝东西不可发出声音；如果需要别人面前的调味品，要先跟别人打招呼

礼仪篇

或者请别人帮忙递；剔牙时要用左手或者餐巾纸加以遮掩，等等，这些都是可以在平常就提醒孩子遵守的。如果孩子在平日里就十分懂规矩、知礼仪，那走到哪里都会得到一片赞扬。

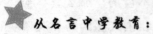 **从名言中学教育：**

　　《左传》中有云："礼，天之经也，民之行也。"从宴会中，孩子可以学到礼仪，从礼仪中又可以赢得魅力。所以，带孩子去参加一次宴会吧，给他一个学习和展现礼仪的机会。

13 和孩子一起上一堂礼仪课

你是否注意在日常生活中对孩子进行礼仪教育？你的孩子是否上公共汽车就跟人抢座位，是否会在买东西的时候乱插队，是否会走在路上乱扔香蕉皮，是否会在别人家做客时闹得左邻右舍鸡犬不宁？

千万不要把这些表现单纯地归结为孩子的淘气，这些小事足可以折射出你的家庭教育缺乏了礼仪教育这一课。上海社科院青少年研究所研究员陈建强说："礼仪是孩子素质培养的重要组成部分，是必不可少的。"家长们一定不要把孩子在社交活动上表现出的无礼看做小事一桩，这很可能影响到孩子以后各种能力的发展。

那么到底如何全面培养孩子的礼仪规范呢？我们前面已经讲过很多。其实除了直接带孩子去参加宴会，让他现场感受宴会礼仪，或者请他招待客人，学习待客之道之外，还可以和他一起去上一堂礼仪课，更有针对性地、系统地学习现实中常用到的各种礼仪规范。

首先，礼仪课让孩子变成"小绅士"或"小淑女"。

今天思思所在的幼儿园有家长观摩课，请家长们一定到场。听思思说今天上的是礼仪课。"礼仪课？这个词儿还真新鲜！"思思的爸爸想。

女儿的话就是命令，爸爸特意请了假一早就赶了过去。刚走进女儿的教室，爸爸就发现孩子们的桌子上摆着很多吃西餐时会用到的餐具之类。老师请家长们在自己的孩子旁边就座，爸爸疑惑着坐了下来，就听到老师开始讲课了。

"今天我们讲西餐桌上的礼仪。请大家拿起面前的刀叉，跟我做。"老师在台上边演示边讲解在吃西餐时有哪些需要注意的礼仪细节，比如如何拿刀叉、如何切比萨、如何盛汤、如何使汤勺不出声等，连思思的爸爸也

礼仪篇

觉得跟着学到了不少东西。他扭头一看，思思学得特别认真。

最后老师说："我们有些小朋友在中午吃饭时，将小勺子在碗里搅得叮当响，虽然我们不是吃西餐，但这也是不礼貌的行为，在文明人的眼里这些是粗俗的。我们都是'小绅士''小淑女'，以后可不要再出现这些行为了，小朋友们知道了吗？"孩子们都点点头，齐声答"知道了"。老师满意地笑了："那这节课就到这里吧，我们下一节课学习公共场合的礼仪。下课！"

老师的话音刚落，家长们就讨论起来了。一个说："怪不得我家明明刚才在公交车上给一位老奶奶让座了呢，以前让他让座他从来都不听。看来还是应该上一堂系统的礼仪课啊！"一个说："对啊，我家小宇出门懂得跟邻居打招呼了！"另一个插上一句："别说孩子们了，就是我上完这一堂课也觉得收获了不少啊！"

把孩子培养成"小绅士"或者"小淑女"，不是要禁锢孩子的个性，按照统一的标准将他们教成呆板的"小古董"，而是让他们保持一种亲善、优雅的举止，到哪里都能够表现得体、从容。尊重他人、善良、体谅、自尊、慷慨、同情、热忱……让孩子形成这样一些素质是非常有必要的，对他们以后融入社会、与人交往会发挥很大的作用。

当你像思思的爸爸一样，突然发现自己的孩子在公共场合不会吵闹着非买某个玩具不可了，带他去朋友家做客不会再像以前一样乱翻找吃的东西了，与小朋友一起玩的时候会主动把玩具让给别人了，进出电梯时懂得请别人先走一步了，你是否非常欣喜？很多大人尚且做不到的礼仪反而在孩子小小的脑袋里扎了根，他们完完全全成了父母的骄傲。"知礼节、懂规矩"的孩子走到哪里都是一道风景。

其次，礼仪课重在人文精神的培养。

通过学习，孩子们会有什么样的正向的变化，表现出哪些优良的气质，身上具备了什么样的人文精神，这是礼仪课的重点和目的所在。在当今社会，礼仪课当然不能再以培养走路缓慢、说话声音细小、行为扭捏的淑女为目的了。要培养适应时代发展的"小绅士"和"小淑女"，重要的是体现一种人文精神。人有了人文精神，在行为上、面貌上自然就会体现出"礼"这个字。

德国不莱梅市的弗雷芒中学以在德国首开礼仪课而闻名。曾经这所学校的人文环境并不好，学生在课堂上说话、在走廊上见到老师不知问好；地上经常见到烟头、果皮等垃圾；学生动手打架的情况更是常见。

为了遏制这种情况，净化校园环境和学生的心灵环境，弗雷芒中学的校长卡尔·维特决定在学校内开设礼仪课。这个课程改革首先在五年级进行试点，加上了"人际交往和行为礼仪"一课，课程由校长主讲，每周设两节课。校长引导学生们从最基本的礼仪知识入门，一点一点纠正他们的不良行为习惯，比如请孩子们见面互相问候，进门前先敲门并在得到允许后才进门，麻烦别人一定要说不好意思，得到帮助一定要表示感谢，等等。慢慢地，再将课程深入一些，讲解各种场合必需的礼仪。

弗雷芒中学礼仪课的效果相当明显，不必说后续教授的大场合的礼仪规范了，单单是学习完基本的礼仪知识后，孩子们的日常行为就发生了很大的变化。在对卡尔·维特校长的采访中，他特意提到这样一个小细节：以前很多同学进出教室都是拿脚"开门"，人过留声——门在背后"咣咣"直响。上过礼仪课后，往常一下课就响彻走廊的这种声音不见了，大家不仅知道用手小心开门，还知道了要扶住门等待下一位出门的人，以防门突然摔上打到对方。现在走在校园里，发现同学之间友善了很多，师生关系也融洽了很多。

令校长没有想到的是，好的人文环境带来了好的学习风气，学生们都互相帮助、共同学习，学校的教学质量渐次提高了。卡尔·维特校长回想当年的决定，感慨道："小小的决定起到了挽救学校的作用，这真是一举两得的好事。"

上完礼仪课的孩子普遍认为自己学到了不少新知识，同时为自己过去的不文明行为和不礼貌态度感到羞耻，表示要对过去由于自己的粗鲁而被伤害的人道歉，并要在以后的学习生活中完善自身，使自己成为一个懂礼貌、讲文明的好学生。

礼仪篇

写给父亲的一封信

和孩子一起去上一堂礼仪课，不管是学校组织的，还是家长通过自己的渠道获取的信息，都是一种有益的实践。礼仪的范围太过广博，对于孩子们来说最有用的礼仪课一般有哪些内容呢？

其一，仪容、仪表、仪态礼仪。

要保持面容整洁，学生不得化妆，不得佩戴首饰，不得染发烫发，表情自然大方。

着装要符合成长的每个年龄段的特点，学生要符合学生身份，简洁大方，干净整齐。少先队员、共青团员要按照规定佩戴红领巾或团徽。

参加各种集会时，站有站相、坐有坐相，精神饱满。

走路时，姿势正确，步幅适中，步态稳健。在安静场所行动要轻手轻脚；在街道上要靠右行走。

总之，谈、吐、举、止都要符合文明的标准。

其二，肢体语言礼仪。

语言包括有声语言和肢体语言。语言礼仪的第一点要求就是微笑。微笑的表达作用有时候能胜过有声语言，是与人交流中最受欢迎的肢体语言。要经常微笑，以示对人的友好。

鞠躬：对长辈要行鞠躬礼。如在路上碰到老师时，从爷爷手里接过一杯茶时，或者从校长手中接过奖状时。在日常生活中鞠躬之礼可以不必太过隆重，微微欠身即可。但如果是在正式的场合，要表示较深的谢意时，则要将上身前倾得更深一些。

握手：握手是表示感谢、鼓励或祝贺的方式。握手时要保持站立姿势，右手相握，不必太用力，稍握一下即可。握手时不可戴手套。注视对方，面带微笑。对于孩子来说，握手的对象一般是长辈，比如学校领导、家中长辈等，要待对方先伸出手表示要跟你相握，自己才可以伸出手。

其三，与人交流的礼仪。

对长辈或者陌生人要用"您"，在外对工作人员要称"老师""师傅"，或者直接喊对方"叔叔""阿姨"。请别人帮忙时要说"请"，与别人说话先以"您好"开头，"对不起""没关系""谢谢""不客气"等常用礼貌用语更应该使其名副其实地变为常用的语言。

其四，家中礼仪。

用餐时，要先待家中长辈都落座了自己再坐。对于食物要懂得谦让，尊老爱幼。

每天出门要跟家里每个人打招呼道别，回家后也要跟在家的人报备一句。家中有人要出门时，主动送到门口，帮忙整理衣物包袋，并嘱咐早些回家。

家里人请你帮忙递东西时，不可将危险的一端冲向别人，比如递剪刀时，要手拿刀刃一端，将刀柄递给对方，使对方一接过就可以使用。

其五，校内礼仪。

见到老师要止步鞠躬问"老师好"，并退让到一边请老师先过；见到同学要热情打招呼表示问候。

在校要爱护公共财物，爱护花草树木。

进办公室时要打报告，未经老师允许不可擅自进入。

其六，迎宾礼仪。

有客人的场合，要面带微笑起身迎接，并要主动问候，如果不知道对方身份，也要说一声"您好"。请客人就座，为客人端茶倒水。客人离开时，要送至门外。

 从名言中学教育：

> 儒贝尔是法国大革命期间一位骁勇善战的大将军，他曾说过："礼仪周全能息事宁人。"他的生命在大革命中归于尘土了，但是他这句话却永远地流传了下来。和你的孩子一起去上一堂礼仪课吧，让他成为一位礼数周全的人。也许真的像这位大将军说的一样，礼仪避免得了战争。

礼仪篇

14 带孩子回老家走一回亲戚

以前每逢春节，家长们都少不了要带孩子到各处走亲访友，不过近几年来，年轻的父母们越来越不愿意在过年时带孩子回老家拜年了。这些父母可知道，不带孩子回老家，让孩子白白丧失了一个学习礼仪的大好实践机会。老家尤其是农村的老家，或者大家族，往往是最讲究礼数的。带孩子回老家走亲戚是锻炼他待人接物的最好方式。

蓝蓝的爸爸就是一位善于利用时机的人。蓝蓝全家每年春节都要回老家，一是图热闹，大家族凑到一起过年有气氛；二是带着孩子见见亲戚们，本来一年就只能见一次，如果春节再不回家，那亲戚们可就真的疏远了。

春节将至，蓝蓝的爸爸在家里就给孩子打起了"预防针"。这不，客厅的茶几上摆满了照片，上面全是蓝蓝老家的亲戚们。爸爸已经教蓝蓝认过几遍了，现在在检查"作业"。

"这个是谁呀？"爸爸指着照片上的一个人问蓝蓝。

"这是大姑妈，旁边这个是姑妈家在美国念书的大表哥！"瞧，蓝蓝都学会抢答了。

爸爸满意地笑笑，又继续问："那这个呢？"

"这个……是……是二舅妈吧？"蓝蓝有些不确定了。去年一下过门了两位舅妈，蓝蓝印象不深，总是搞错。

"错了，这是三舅妈。记住了，三舅妈是不戴眼镜的。二舅妈戴着一副金边眼镜，在咱们老家的实验小学教书。这回分清楚了吧？"爸爸很有耐心。

"记住啦！"蓝蓝学得也很上心。

就这样，每年过年回家前，爸爸都要拿出家里各种照片给蓝蓝"复习功课"。因为做足了"功课"，过年回家时蓝蓝总是喊人喊得特别热情，不待爸爸妈妈提醒，自己已经认出来了。这样一来，虽然一年没见，但是大家伙儿都觉得蓝蓝一点都不陌生，而且聪明懂事，是个讨人喜欢的小姑娘。

像蓝蓝的爸爸这样，在带孩子回老家拜年之前先做好充分的准备，这就保证了孩子在与人打招呼的时候不会出错，是礼仪教育的第一步。

当然，带孩子回老家要学的礼仪不只与人打招呼和拜年，还有很多其他的礼仪，也都是要孩子从小就能理解和学习的。

不要只教孩子讨红包

很多小孩在过年时碰到亲戚就会拱手抱拳，说一句"恭喜发财，红包拿来"，不知是家长教的还是从别人那里学来的。但是"红包教育"也应该同步跟上。千万别让孩子留下错误的印象，觉得过年就是个"讨红包"的节日，忽略了"年"的真正含义。让孩子拿红包，也要让孩子知道为什么要拿红包。风俗习惯也是礼仪的一种。

父母们平常不妨专门给孩子讲讲"年"的由来，讲讲这么多年流传下来的过年的传统，最重要的是让孩子明白过年意味着合家团圆、意味着明年更美好，引导孩子在每个新年伊始做一个对未来一年的展望。

教孩子远离不良攀比

新年到，亲人们几家几户凑到一起，大人们开心，小孩们也玩得兴高采烈。一大家的兄弟姊妹都在一起，刚见面的兴奋劲一过，孩子们往往就开始互相攀比，从压岁钱的多少比到身上的新衣服，从随身带的玩具比到做寒假作业的钢笔……与同龄人在一起，"比"是孩子们的天性。但是这种比较任由其发展对孩子的身心是不利的，比到最后孩子们常常争得面红耳赤，甚至动起手来。

家长要适时引导，不妨就让孩子们一起帮家人包饺子，或者给他们一根跳绳让他们玩集体游戏。如果有较大的孩子，可以教育他担起兄长的责任，照顾弟弟妹妹们。再比如，由着孩子们去争，但是引导他们将争的内容变成谁今年的期中考试拿了第一名、谁的钢琴刚刚考过了十级、谁在市里的游泳比赛上拿到了冠军；或者等明年过年大家再聚的时候，比比谁的功课进步了，谁先学会了打排球，谁先达到跆拳道的黑带水平。这样的比较，比起攀比衣服和玩具要有意义多了，这样的春节对孩子们来说也有意义多了。

教孩子多多与人分享

春节聚餐，好吃的好喝的天天花样翻新着来，孩子们往往看到吃的就没了"绅士""淑女"形象，瞅着自己爱吃的就拼命抢，经常为此互相掐架。其实这正是父母教育孩子学习与人分享的大好时机。分享是将好的东西与别人共享，孩子在小的时候还无法理解更深层的好的东西。家长正好可以借春节的时候，教孩子先从好吃的、好玩的等分享起，让孩子不要争抢，有好东西要懂得互相谦让，让孩子明白分享和谦让是中华民族的传统美德。

父母不能有什么好吃的先往自己的孩子口袋里塞，纵容自己的孩子变成餐桌上的"小霸王"，这样容易让孩子理解为这些是他理所当然应该得到的，加重他的自私心态。反之，在家长们都互相谦让、尊敬长辈、和和睦睦的气氛下，孩子也会受到感染，自觉地跟大家分享自己的"好东西"。

教孩子自己处理小摩擦

今年春节爸爸加班，于是豆豆跟着妈妈回了老家。谁知道从老家一回来，妈妈就赌气说以后过年再也不回去了。爸爸忙问怎么了。

原来妈妈带豆豆回去的第二天，豆豆就跟叔叔家的小堂哥为了一根糖葫芦吵了起来。豆豆一向是个乖孩子，怎么会跟小表哥吵架呢？一问才知道，豆豆和小表哥两个人将自己的钱合起来买了一串糖葫芦，豆豆认为应该先给爷爷奶奶吃，而表哥却认为自己应该先吃。两个人谁也不让步。豆豆一着急就打了比他还高半截的小堂哥一下，抢过糖葫芦就跑去送到爷爷奶奶那了。后边小堂哥哭着找到了自己的妈妈，又带着妈妈找到了豆豆的妈妈。

问清楚原委，豆豆的妈妈觉得是自己的儿子做得对，孝敬老人是应该的，因此跟豆豆的婶婶吵了起来。两方各有各的理，闹了个不欢而散。

爸爸听完妈妈的话，摸了摸站在一边的儿子的头，说这事咱们都不应该发表意见,让儿子自己说说吧。儿子低下了头:"爸爸,其实我知道自己错了。无论堂哥对不对,我都不应该打人。但是当时我不好意思道歉。"

爸爸表扬了儿子,跟妈妈说:"你看,其实我们没有必要为孩子争出一个对错。我们要做的只是引导他分析自己的行为,请他自己处理与对方的摩擦。"

妈妈点点头,说:"儿子,那我们现在就给堂哥打个电话吧,道个歉,你们以后还是好朋友!"

孩子们凑到一起,难免磕磕碰碰,这让家长们很是头疼。家长们采取的措施是:一旦发现孩子有争吵,马上把他们分开,甚至直接介入,或袒护自己的孩子,或直接判定谁是谁非。要知道,这些不光对孩子没有半点教育意义,还在一定程度上剥夺了他们自己处理与伙伴的关系的权利和机会。让孩子自己处理遇到的一点小摩擦,可以丰富他的社会交往经验。如果孩子不能一下子缓和情绪冷静分析,家长可以在旁边支招帮忙分析,但是切不可专断。

 ## 写给父亲的一封信

春节带孩子回老家,不光要给他打扮一新,还要提前赋予他一个懂礼貌的好形象。在这之前的准备工作有哪些呢?

第一,场景模拟。

哪怕是性格很开朗的孩子,如果贸然见到不熟悉的亲戚,可能也做不到马上热情地打招呼。亲戚不像是孩子平时常见的小朋友一样,对孩子来说,一年没见的老家亲戚虽然有血缘关系,但仍是有一定的陌生感的。家长要在分析自己孩子性格特点的基础上,帮他预想回老家后可能会出现的场景,来一回模拟表演。比如,由你来扮演姑父,孩子的妈妈来扮演姑妈,看孩子怎么拜年。对于孩子出现的小错误不要马上予以纠正,而是引导他自己去分析发现,这样他就会对这种拜年方式留下很深的印象,不会轻易再犯类似的错误。

第二,礼轻情意重。

回老家之前也可以请孩子亲手制作一些小礼物或者小玩具,送给家里的同龄的孩子们。小礼物由于是孩子自己的手工而更显情意深重，可以一下拉近孩子和他们的关系。这样的礼物比花重金买来的礼物要"贵重"得多，也有意义得多。孩子在制作礼物的过程中，锻炼了动手能力，了解了友情的可贵，更明白了"给予"是一个美丽的动作，予人玫瑰，手留余香。

当然，制作礼物要在家长的指导下进行，孩子自己往往会因惧怕复杂的劳动而中途放弃，家长可以适当给予一些帮助和督促。在制作之前，家长还要帮助孩子分析老家几个小朋友的不同习性，估摸他们可能会喜欢哪一类礼物。

有了这些准备，就放心地带孩子回老家吧，表现得体的孩子一定能成为你的骄傲。

 从名言中学教育：

大教育家孔子云："不学礼，无以立。"要让孩子有立世的资本。今年寒假就带孩子回老家走亲访友去吧，只要你肯利用环境，就一定可以带回一个更有礼貌的孩子。

感情篇

情商教育丝毫不应少于智商教育，这是早已公认的教育理念。孩子应该学会自爱和爱人，这些之外，还要爱地球、爱每一种生命。这是孩子健康成长的保证。一个没有爱的孩子即使成绩优秀，最终也将偏离正确的人生轨道，马加爵就是个让人触目惊心的典型案例。

孩子有没有爱心取决于家长有多用心。用心去爱孩子，讲究的是策略，是有理智地爱，而不是溺爱、毫无保留地爱。前者能教出一个充满爱心、心地善良、阳光般温暖的孩子，而后者的"杰作"则只会是一个自私自利、连对自己的父母也不愿意付出真情的逆子。

父子之严，不可以狎；骨肉之爱，不可以简。

——《颜氏家训》

15 带孩子种一棵以孩子的名字命名的树

周五一放学，心心回家就吵着第二天老师要求家长带孩子一起去幼儿园。爸爸本来公司有事，让妈妈陪心心去，但一听说是带孩子去种树，马上改口说："宝贝爸爸和妈妈都陪你去！"

原来，心心的爸爸早就有这个想法要带孩子去种一棵树了。

第二天，心心一家人带着铁锹、水桶等工具，一大早就来到了幼儿园。九点钟左右，家长们虽然有很多可都觉得种树的活动没什么意义，但架不住孩子的撒娇或哭闹，陆陆续续都来齐了。

老师带领大家来到了植树的场地，分给每个孩子一株小树苗，就宣布开始植树。孩子们都是第一次参加植树活动，个个都显得很兴奋，在家长的帮助下一会儿就把小树种好了，还浇了水。

正当家长要带着孩子们离开时，老师微笑着拦住了大家，分发给每个孩子一个特制的不锈钢牌子，牌子上刻着孩子的名字。老师说："孩子们，从今天起，就有一棵与你同名的小树活在这个世界上了。请大家常常过来照顾它，和它一起茁壮成长！"

家长们顿悟了老师的用意，集体鼓起了掌。看着孩子蹲着小脚亲手把牌子挂到了自己栽种的小树上，他们仿佛看到孩子正在茁壮成长。

心心的爸爸扭头对妈妈说："看来这次带孩子来种树，种得真是意义非凡。孩子知道这个世界上有一棵与他同名同姓的小树，一定会与小树比着长，等小树长成参天大树的时候，我们的儿子就真的长大了！"

很多诗人都爱把孩子比做树，古话也说"十年树木，百年树人"，推荐家长们带孩子去种一棵树。试想，由孩子亲手种下的树，以他的名字命名，一定会让他感觉这棵小树就是自己的化身，自己在与小树一同成长。小树一天天长大，必然会影响到孩子的发展，催促他不断

感情篇

吸取养分，苗壮成长。

带孩子去种一棵以他自己的名字命名的小树，分析起来有诸多好处：

一、可以锻炼孩子的动手能力和劳动能力

手把手地教孩子种树，从挖坑到植入，到培土，再到浇水，都是有技巧可循的，哪一步做得不好都可能导致树苗无法成活。小树栽上以后，一定要叮嘱孩子常常去照顾它，给它浇水、施肥，把它当成自己的孩子一样来培养。

种树是一种模仿性实践活动，也就是说，孩子会学着大人的样子一步一步照做。除了种树之外，还有很多其他的模仿性操作实践，比如让孩子做一些简单的家务，包括打鸡蛋、焖米饭、买调味品、照顾宠物，等等。孩子通过对大人行为的学习，逐渐将这些行为转化为自己的本领。

琳琳在参加完父母给他报名的一次社区的植树活动后，写下了如下感受。

1. 在挖树坑时，我挖得非常吃力。教训：一定要多下乡、多参加劳动。

2. 刚开始我自己往坑里栽我分到的小树，怎么也栽不直。后来我们结成了小组，几个人一起把树种上了。

3. 吃午饭前我们组的成员笑笑发现了一个水龙头，于是招呼大家都过去洗手。

学习：我以后要向小小学习，与他人分享好的东西。

4. 我们组里有比我年纪小的成员，我要帮他们做事时他们拒绝了。

教训：要让小孩子自己学着做事，锻炼自己。

5. 植树活动结束后，我帮阿姨收拾了垃圾。

经验：我主动做了一件好事。

这些文字虽然看起来有些幼稚，但从中却可以看出小小的植树活动给孩子的心灵带来的触动。

二、请孩子观察小树的成长，同时记录自己的成长

树苗自栽种那日起，就饱吸阳光雨露，向着天空拓展自己的生命。家长应该引导孩子每日观察小树的变化，为小树建立一本成长日记，同时对比自己的成长，学习小树坚忍不拔、永远向上的品质，以完善自己。

对孩子来说，阳光雨露是什么呢？是父母的关爱、老师的教诲、朋友的友情，是他自身奋发进取的精神，是他敏捷的心思和活泼开朗的个性……只要阳光雨露充足，孩子也会竭尽全力地发展和充实自己，最终长成一棵参天大树。

要注意的是，阳光雨露必不可少，但是绝不能过量。干旱或者洪涝都会给小树的成长制造灾难；同样地，对孩子的爱也要适中。太多的爱只会导致孩子形成骄纵蛮横和飞扬跋扈的性格，热度太高，反而融化掉了孩子的前途；而爱的缺失也会导致孩子产生不健康甚至畸形的心理，缺少成长必需的养分，孩子自然难成栋梁之材。

三、可以使孩子学会关爱和付出

某报纸曾披露了这样一件事：一位妈妈到北京一家家教咨询中心，声泪俱下地说了这样一件让她痛心的事。

她的孩子今年五岁了，平时集万般宠爱于一身。有一次她为了给孩子买一种他想吃的零食，冒着凛冽的寒风找了很多家商店才买回家。孩子很高兴，抓过来吃得兴高采烈。这时候孩子的妈妈拿起一包尝了一口，孩子突然大声呵斥她："吐出来！那是我的！"妈妈又伤心又不解，她不明白为什么自己对孩子付出那么多却换回了他对自己如此的冷酷与无情。

其实像这个案例中的孩子一样的有很多，现在的孩子在家里受到的一般都是有如众星捧月般的待遇。家庭中一味地单向的付出和爱使得孩子不懂得去爱别人。在孩子眼中，别人爱他是天经地义的。因此可以说，对孩子爱心的培养是一件迫在眉睫的事。

请孩子亲自去照顾以他的名字命名的小树，是要他学习像自己的父母照顾自己一样去关注小树的成长。照顾小树，要求孩子去付出。

感情篇

小树渴了，孩子要去浇水；小树生病了，孩子要去除虫。到了夏天，小树可以撑出一片阴凉了，孩子会拍手开心，感受付出得到的回报；到了冬天，孩子为了小树的落叶和枯黄而伤心，家长要告诉他这是小树成长的自然规律，它的内在正在积蓄能量，就像孩子这次考试考得不好，就在私下多多付出一些努力，到了来年春天，成绩就会像小树一样，重新抽枝长叶，并且长得更加繁茂。

♥ 写给父亲的一封信

带孩子去种树，从中可以揣摩出一个可资借鉴的家教方针：即"种树亦育人"。

种树亦育人是古代即有的教育方式，最早出现在柳宗元的《种树郭橐驼传》中：郭橐驼种树时就像抚育孩子一样细心，但种完后却又丢弃它不管。

"既然已，勿动勿虑，去不复顾。其莳也若子，其置也若弃，则其天者全而其性得矣"。其实不是真的对它不上心，而是"无为而治"，是为了保全树木的天性，由着它自己生长。如果每天都去看它、照顾它，捋捋枝丫，摸摸树干，就会妨碍它听从自己的意志去生长，使它长成自己希望的样子。这实际上不是爱，而是害。

对于孩子来说，这个道理依然讲得通。孩子十八岁前是成长发育的时候，这时候父母应该悉心照料，给孩子所有他成长必需的养料和水分，帮助他修剪"枝丫"，不让他"旁逸斜出"。这样，等孩子长到十八岁，成人了，就是一株颇有规矩的大树了，就可以给他足够的空间，放任他自己发展了。当然，照顾孩子要有度，不可无节制地滥施关爱，反而把孩子培养成一株经不起风雨的病树；放任孩子也应有度，看到孩子在风雨中摇摇欲坠也不扶一把的放任是不可取的。

树苗在被栽下时，没有人说得出哪一棵将来会被做成小学生的桌椅，哪一棵将来会被用做房梁。可是我们的孩子刚出生没多久，往往就会被赋予各种"使命"，被逼迫去学钢琴、学舞蹈、学象棋……想一想，小树多么潇洒，孩子们活得多累啊！我们的孩子在某一天去照顾那棵跟他同名的小树时，会不会有疲惫的感慨？

如果我们的孩子能像树一样成长该多好啊！

 从名言中学教育：

　　曾经有位教育专家说过这样一句话："每一个孩子都像一棵树。"带他去栽一棵树，将来这棵小树会被用来做桌椅还是栋梁，让他自己去体会。

感情篇

16 请孩子为家人做一道菜

日本近年来风靡"厨房育儿"。在日本，妈妈主要负责做家务和带小孩。由于妈妈从洗菜、做菜到饭后刷洗碗筷的一天大部分时间都待在厨房里，这时候孩子就会自然而然地跟着进厨房。看着孩子好奇地摸摸这、碰碰那，做妈妈的忧心忡忡却又无可奈何。

在妈妈们的呼吁下，适合儿童使用的安全的厨房用具诞生了。比如儿童专用的小菜刀，刀锋较钝，妈妈就教孩子切一些煮熟的柔软的东西，比如鸡蛋或者红薯，等等。有了这些安全的小工具，妈妈们就放心地把孩子留在了厨房。

但孩子好奇的天性不变，慢慢又开始关注妈妈烧菜的灶台。在经过一段时间的厨房锻炼以后，妈妈了解，其实孩子已经知道什么是危险的什么是安全的，于是纷纷放开手脚地教孩子做起菜煲起汤来。看似幼儿不宜、危险重重的厨房变成了妈妈育儿的主阵地。现在很多日本的孩子都烧得一手好菜。

听听日本妈妈怎么说

厨房育儿好处多多，孩子学会了做菜的手艺自不必多说，单单看厨房育儿带给孩子的另外两大变化，就知道日本社会推崇这一育儿方式的原因了。

"这是我为你做的菜。"孩子说道。

她们说，厨房育儿不仅教孩子学会了煮饭做菜，还教他们把饭端到家人面前，盘子里热气腾腾的，不是菜，而是孩子浓浓的爱。孩子从厨房里学到了用自己的辛苦来回报家人对自己的爱，这是厨房育儿的第一目的。孩子亲手做的一道热菜，足以抚慰天下父母心。

"我愿意努力学习这道菜。"孩子说道。

她们说，看到孩子在厨房里精心烹饪一道菜时脸上幸福的表情，自己也觉得幸福。为了让家人和自己能够品尝到美味而努力，会使孩子自然而然地形成一种积极向上的生活态度，这是厨房育儿的第二目的。

美心从5岁就开始学做饭了。妈妈教她做的第一个菜是煎鸡蛋。别看这道菜简单，美心练了好多回才练出了一个比较完整的色、香、味俱全的煎鸡蛋。在这之前，爸爸妈妈都是跟着她一起吃她的被淘汰作品，要么太咸，要么碎了。看着爸爸妈妈故做好吃的样子，小美心暗下决心，一定要给爸爸妈妈做出一道漂亮的菜。功夫不负有心人，在一家人的努力下，美心到8岁的时候会做好几样家常菜了。今年爷爷生日的时候，桌子上就有一道她亲手做的"大菜"——西红柿炒鸡蛋。

说起美心学菜的原因，还是因为她5岁生日那天，听了爸爸的一句话。那天吃完饭，看着满桌的杯盘狼藉，爸爸问："美心，你长大了一岁，是不是应该更懂事了？"

美心很聪明，说："爸爸妈妈，这些盘碗由我来刷！"说着就挽起袖子收拾桌子。妈妈忙要帮忙，爸爸用眼神制止了她。谁知没躲过美心的眼睛，她一仰头，牛气十足地说："妈妈，我的生日就是妈妈的苦日。等明年生日，我做菜给你吃！"妈妈笑了，有孩子这句话她就觉得暖心无比。

看着美心小心翼翼地把盘碗都转移到洗手池，再踮着脚尖，一个一个地仔细刷着碗，再听着偶尔传出的盘碗碰撞的清脆声音，妈妈的心几次提到嗓子眼儿上，生怕孩子不小心摔了碗，伤到手。看妈妈又想上前帮她，爸爸忙说："看来我们的美心真的懂事多了。正好锻炼她，她到了该学这些的年龄了，你总不能帮她做一辈子啊！"

谁知道美心这次不光把盘碗刷得干干净净，还把刚才的许诺当了真，第二天就缠着妈妈教她学做菜，后来竟也真的就学会了不少。爸爸妈妈每次提到美心这一点，就特别骄傲，这说明美心真的把家人放在了心上。她知道了用自己的付出来换取家人的微笑。

做家务是一种能力，这些愿意亲自动手去做菜的日本孩子并没有找父母伸手要"劳务费"，这正是培养孩子动手能力的意义所在。因为家庭教育的最终落脚点始终都是爱。没有爱作为最终的培养目的，教育出来的孩子能力再强也不算不上优秀。

一、适时引导

家长要引导孩子自觉自愿地为家里人煮菜、做饭、洗衣服，让他明白自己是这个家庭的一份子，自己有义务为家里的每一位成员付出。从家人那里得到爱，也要以同样的爱去回报。要孩子知道不光他自己有被爱的需求，其他的家人也一样：爸爸也渴望孩子陪他一起吃饭，妈妈也希望有人帮他洗衣服，爷爷奶奶散步回来也希望小孙子能给他们捶捶背，他们都渴望被人嘘寒问暖。这种爱孩子与生俱来会具备，但远远不够。家长还要适时指导，将这种爱心教育渗透到生活中，将孩子内心存在的爱激发出来，转化为行动。

乡下的爷爷奶奶搬进城里来跟松松一家一起住。老人年纪大了，做什么都不太方便。松松对这两位陌生的老人似乎并不太欢迎。爸爸觉得应该给松松上一堂课。

这天松松放学了，头上的汗还没擦呢，爸爸就指着一个小板凳让松松坐下来，要给他讲故事听。一听要讲故事，松松来了兴致。但看了一眼那个小板凳，问："为什么非要让我坐爷爷带过来的小板凳呢？"爸爸说："因为我小时候就是坐着这个小板凳听爷爷讲故事的。"松松老实坐了下来。

爸爸跟他讲了他自己小时候，家里很苦，爷爷奶奶为了供他上学，什么好吃的都舍不得吃，身上穿的都是带补丁的。在爸爸考上高中那年，爷爷奶奶为了给他凑足学费，借遍了全村。

现在爸爸出息了，在城里买上了房子、安下了家，爷爷奶奶却快要走不动路了。爸爸说："树欲静而风不止，子欲养而亲不待，这句话你迟早会明白的。"松松听得快哭了，突然觉得爷爷奶奶跟他变得近了很多。这时候门厅里有动静，是互相搀扶着下楼散步的爷爷奶奶回来了。松松跑上前去，把爷爷奶奶搀到了沙发上，打来了洗脚水。

看着儿子态度的转变，爸爸笑了。

二、培养习惯

让孩子为家人做菜，当然不是走走形式，做一次就好了，最终的目的是培养孩子对家人的爱，让他将为家人做菜、为家人付出形成习惯。父母要常常提醒孩子应该做的事，比如在爸爸下班时妈妈可以提醒孩子应该给爸爸端一杯茶水；妈妈做完家务后爸爸可以提醒孩子帮妈妈捶捶背、捏捏肩。

三、给予鼓励

对于孩子为了表达爱心而做出的一切行为，无论结果好坏，父母都应该给予及时的表扬和鼓励。有些家长脾气急，容易不耐烦，孩子怀着爱心做一次菜，不小心烧糊了。家长一扬手，把菜倒进了垃圾桶，更有甚者还埋怨孩子浪费了原料。提醒这些家长，这时候千万不要把关注点放在那一棵白菜和几两肉上，可知你几句抱怨彻底打消了孩子的积极性，浇灭了孩子的爱心火苗。本来孩子把菜烧坏就已经够自责的了，你再不给予他安慰，他会很难过。只有你的鼓励才会让他继续保持这颗爱心，下次好好改进。

 ## 写给父亲的一封信

如今，感恩之心的缺乏已经成为青少年群体的一种高发病症，请先给你的孩子做个诊断，看他是不是也感染上了这个"病症"。如果"确诊"，可以参考以下几组药方：

"药方"一：带孩子一起去感谢。

我们每个人自从来到这个世界上，要感恩的对象实在太多。像一首歌里唱的："感谢天，感谢地，感谢命运，让我们相遇。"孩子不会天生就懂得感恩，所以，不妨在孩子生日那天，带他去感谢当年给他接生的那位产房护士；在孩子毕业一周年那天，带他去感谢他的母校以及各位老师；在搬完家之后，请他给搬家公司的工人师傅递一杯水，感谢他的辛苦劳作。像这样，慢慢地就可以培养起孩子对周围的人的感恩之心。

"药方"二："我在感恩，你看到了么？"

潜移默化的影响是最深刻的。父母要让孩子学会感恩，自己先要以身作则。要让孩子学会孝顺，自己先要孝顺。

有这么一个小故事，读来十分发人深省：一对夫妻，很不孝顺，老父亲由于年纪大了，拿东西手抖，经常把饭碗摔了，于是他们就给老人家用木碗盛饭，还把他赶到墙角去吃。有一天夫妻俩看到5岁的小儿子在削一块木头，就问他在做什么。孩子仰起头天真地说，"我要做两只木碗，等你们老了给你们盛饭。"蹲在墙角的老父亲流出了浑浊的泪。从此以后，老父亲被请回了饭桌上。

这个故事告诉我们，什么样的大人教出什么样的孩子。如果你不知感恩父母，孩子怎么会感恩于你？

"药方" 三： 要求孩子的回报。

父母为孩子付出往往是不求回报的，但我们不提倡这种不求回报直接表现给孩子。对孩子要常常表现出你的"有所求"。当你给孩子买了一架钢琴，他会对你表示感谢；但是当你给他递了一块毛巾，他可能就意识不到要对你说声"谢谢"。

要培养孩子无论大事小事都要知道感恩，让他明白没有人有义务为他做什么。如果别人为他做了什么，教育他一定要长存心底，择时回报，且要以"涌泉之心"来回报"滴水之恩"。不要把自己放到"不需要关心"的高度，在你生日的时候也问他要个礼物，在你做家务累的时候也让他给你捶捶背，当你在厨房的烟雾缭绕的时候也让他给家人做一道菜。

 从名言中学教育：

我国古代大思想家孟子曾说过："孝子之至，莫大乎尊亲；尊亲之至，莫大乎以天下养。"从让孩子给家人做一道菜开始，教孩子学会爱家人。

17

陪孩子拆一次家里的电视机

你相信吗？据调查显示，中国孩子在想象力和创造力方面落后于全世界其他所有国家的孩子。这是多么可悲的一个结果。当美国家长在问孩子"你今天搞明白了几个问题"时，我们的家长正在板着张脸问孩子"昨天的测验考了多少分"，这种不同恐怕是造成这个结果的原因之一。

有一天，晓晓的妈妈找到孩子幼儿园的王老师，跟她抱怨："我们家刚买回的电视机就被晓晓给拆了个七零八碎，我打他的时候他还叫嚷，说会把它再装起来。气死我了！不光这样，我打他孩子爸爸还不让，难道要纵容他这种乱拆东西的坏毛病吗？"

王老师听完，幽默地说："您差点儿把一个'中国的爱迪生'给枪毙了。孩子的爸爸是在挽救一个未来的科学家呢。"

晓晓的妈妈不解地看向她。王老师笑了笑，耐心地为她分析："孩子因为处在这个年龄，对什么都充满了好奇，他愿意动手把电视机拆了，是因为他想看看里边有什么，为什么一接上电源就会出现画面，为什么总也没有重样。不要小看孩子的这种好奇心，有可能他将来就会创造奇迹！"

晓晓的妈妈若有所思地回了家，一开门就看到爸爸和晓晓"得意"的笑脸，原来这事爸爸一直站在晓晓这边，支持晓晓自己去探索。知道妈妈要去找王老师，早就和王老师沟通过了。妈妈笑了，说："王老师跟我一说我就明白了，我确实错怪晓晓了。以后我们一起保护孩子的这种好奇心。"

50多年前，也有这样一位老师，劝导过这样一位母亲，他就是我国著名教育家陶行知先生。陶行知先生认为孩子的这种"破坏"行为是一种天性，是他们在好奇心的驱动下，发挥了自己创造力的一种表现。孩子是一张白纸，世界对他们来说充满了新鲜感。假如对孩子的这种天性进行合理的引导，对孩子以后的发展肯定大有好处。

你家也有一个像晓晓一样的"破坏大王"吗？他会往家里的电脑光驱里塞一枚一元硬币，为的是看看会不会弹出一听可乐；他会往家里雪白的墙壁上乱涂乱画，想要在你下班时给你一个"惊喜"；他会把妈妈扎头发用的皮筋全拿来做了弹弓，想试试能不能打下飞过窗口的鸽子……

先别急着抱怨，且让我们给孩子一点"破坏"空间，一点"破坏"换回的可能是让孩子受用一生的无尽财富。

不囿于规矩的孩子，往往能获得不一样的人生，而不懂变通、一味规规矩矩的孩子有可能就像"跟随者"毛毛虫一样，走不出规矩，也就永远吃不到近在咫尺的食物。

著名的实验"毛毛虫之死"源自法国科学家法伯，实验的主体就是"跟随者"毛毛虫。这种毛毛虫有种盲目的习性，总是跟着前面的毛毛虫爬行，并因此而得名。

法伯将数只毛毛虫首尾相连围成一圈放在花盆边缘，毛毛虫一个跟一个地转着圈爬起来。这时法伯又在花盆周围不到六英寸的地方撒了一圈松针——这种毛毛虫十分爱吃的食物。然而毛毛虫们只是一圈一圈地爬，一个小时，两个小时，一天，两天……它们一共爬了七天七夜，终于因为又累又饿而相继死去。

这些毛毛虫没有一个突破规矩，寻求救命之餐，尽管松针就在距它们不足 6 英尺的地方。正如法伯在总结中写道的："假如这些毛毛虫中有一只能够勇于突破，走一步'歪路'，就能避免集体死亡的命运。"

可见，遵从孩子的好奇心、敢于打破规矩是多么重要。只有遵从自己的好奇心，孩子才有积极思考、学习新事物的空间。假如孩子是在追寻真理的道路上，哪怕会做一点"破坏"又如何呢？

好奇心强的孩子往往会十分调皮，这正是使家长头疼万分之处。孩子为什么会调皮呢？其实很简单。

首先，调皮是孩子的天性。

孩子处在生长发育中，各方面都发展得很快，调皮正是孩子生长发育的一种外在表现，也就是说，孩子调皮是由生理因素决定的，是孩子的天性。对待天性最好的办法当然是顺其自然。

爸爸总是怪淘淘是个皮孩子，后悔给他取了这么个"不吉利"的名字。每次上街，必须得抓紧淘淘的手，一不留神他就不见人影了。爸爸把他送到幼儿园，偷偷跟老师说："我们家孩子可能有多动症，老师您多帮忙注意一下。"老师笑着答应了。

下次爸爸来接淘淘时，爸爸神经紧张地问老师："没给您添什么麻烦吧？"老师笑着打开门，让他看班里那一群吵吵闹闹的孩子，说："您对孩子太神经过敏了，其实孩子的天性就是顽皮的，这不是病，这是他成长中必经的一个阶段。放心吧，这孩子虽然调皮了些，但是绝对很聪明呢！"

其次，调皮的本质是表现在孩子身上的一对不可调和的矛盾。

生长发育的需要使得孩子好动，但孩子对外界来说有又十分缺乏经验，两个矛盾不可调和，于是这种好动表现出来就不是那么"正确"，甚至是一种"破坏"。知道了孩子好奇心的来源，我们就明白应该怎么处理这对矛盾，将矛盾引导向正确的方向发展了。

总之，从教育的角度来讲，你家的"破坏大王"或许并不是"罪不可赦"的。家长只要清楚地认识到好奇心是孩子成长中必然会有的一种心态，并能正确处理就可以轻松帮助"破坏大王"摘掉这个不怎么光彩的帽子，走出"破坏"的误区。

 ## 写给父亲的一封信

我们应该如何应对孩子调皮的"破坏"呢？如何在保护他好奇心的同时又能进行合理的引导呢？

首先，要保护好孩子的好奇心。

当孩子一本正经地问你"为什么砸在牛顿头上的是苹果而不是橘子"或者"一头牛加上一头羊等于多少"时，不要嘲笑他，也不要以为他在捣乱，这只能说明你的孩子是个富有好奇心的孩子。

富有好奇心的人往往也富有热情，富有创新精神，富有干劲，创造性思维发达。对于孩子来说，这些品质是十分难得的。

我们常见的是老师教什么就学什么的孩子，而敢于突破课本、突破

感情篇

"权威"的孩子不会照搬别人,而是经过自己的独立思考,在学习别人的基础上形成自己的独特见解。

这些都是激发孩子探索世界、学习知识的动力,因此父亲应该保护孩子难得的好奇心,而不是在孩子的成长过程中设置太多的条条框框,或者在孩子好奇心"泛滥"时给他泼冷水,这对孩子来说反而是一种羁绊。

其次,要激发孩子的好奇心。

激发孩子的好奇心,或者说是给孩子插上想象的翅膀,专业地来阐释就是"训练孩子的创造性思维"。

家长由于经历了许多世事,往往已经丢失了"童心",其思维也已经习惯地形成了诸多定式,本身在想象力方面是远不及孩子的,但是若要引导和激发孩子的想象力和好奇心,还是有很多方法可循的。

一种是"天马行空法",即引导孩子漫无边际地想象,比如让孩子想象出会飞的房子、会散冷气的窗帘、会自己剥皮的香蕉,等等。

另一种是提问法,即针对一件物体向孩子提问,同样允许他不着边际地回答。比如一张纸可以用来做什么,当孩子回答"可以用来盖楼房"时,不要生气,要为他拍手叫好,不妨让他按照自己的思路想下去,自己问自己:一张纸的质量要好到什么程度才可以用来盖楼房呢?用纸做成的楼房又有什么样的优缺点呢?盖一栋楼房需要多少张纸呢?

不要对孩子的"天马行空"不以为然,因为想当年,在当时的人们看来,爱迪生发明电灯的想法也是不可理喻的,富兰克林雷雨天跑出去冒着生命危险做实验的举动也是疯狂的,哥白尼的"太阳中心论"更是惊世骇俗的。你怎么知道你的孩子不是下一个"爱迪生"、下一个"富兰克林"或者下一个"哥白尼"呢?

再次,要训练孩子思维的流畅性。

据心理学研究显示:一般人只会用了自己大脑的 15% 来进行想象,终其一生其他 85% 的大脑想象区都是处于冬眠状态的。而人在训练思维的流畅性的同时,想象力也会被同时带动起来。因此,孩子思维的流畅性与想象力的训练应该是相辅相成的。

训练孩子的思维流畅性可以借鉴美国心理学家发明的一种"飓风式联想法"。虽然这种方法一开始是用于大学生的,但家长完全可以借鉴,简化一下，要求孩子不经过思考地抛出一些词汇，每一个都要与上一个有所联系。对速度的要求要高于对词汇质量的要求。家长有权利随时喊"停"，提问孩子两个词汇之间的关系。或者由家长不断地快速提问，由孩子快速给出答案。

训练孩子思维的流畅性时，需要注意的一点是：要提前与孩子商定训练的内容，照顾孩子的兴趣，在征得孩子同意后再进行。

 从名言中学教育：

俗话说："学贵有疑。"这种"疑"起源于孩子天生的好奇心。假如家长能够妥善处理孩子的这种"疑"，就能助孩子一臂之力，使他在学习的道路上事半功倍。何不激发孩子的好奇心，跟他一起搞个小"破坏"，让他看到你的支持，从而大胆跟随自己的好奇心的带领，在人生之路上探索神奇。

感情篇

18

和孩子一起为妈妈准备一个生日礼物

在一个摄影展上，一系列关于鸟的作品引起了人们的关注。这个系列画的都是鸟类喂食的场面。前几幅都是鸟妈妈在给宝宝们喂食，最后一幅前面驻足的人最多，原来画上画着的是一只小鸟正在给鸟妈妈喂食。画作的右下角有名字：养母之恩。

鸟尚如此，人类呢？

有这样一个视频，是记者在母亲节那天在路上的随机采访。遇到年轻人就问："今天最想跟母亲说的话或者最想为母亲做的是什么？"遇到母亲就问："今天最希望孩子为自己做什么？"结果90%的年轻人都回答："我会赚很多钱为母亲养老。"而几乎所有的母亲都回答："希望孩子能回家陪我们吃一顿饭。"

母亲的养育之恩如此厚重，而母亲的要求却那么简单。

这引发了我们一个思考：怎么才算孝顺？现在的人大多认为只要给父母钱就是尽孝，但是父母却常常将孩子给的钱存起来，最后再留给孩子。这样有什么意义呢？钱不会陪父母聊天，钱不会给父母捶背，钱更不能告诉父母最想知道的你的消息。想一想你现在的孩子也许也会学你，将来只是给你一沓钱，你的晚年会幸福吗？

有多少孩子，自己过生日的时候欢天喜地，全家人都要给他庆祝，而对自己父母的生日却茫然无知。有一个女孩，记得全班每一位同学的生日，并且都会用心准备礼物，但却说不出自己父母的生日是哪一天。据调查，大多数孩子不知道自己父母的生日，更别提给父母过生日了；半数以上的孩子不知道父母平时的喜好、爱吃的水果、蔬菜等；更有很多孩子经常与父母顶嘴、不听父母的话、任性、蛮横乖张、有严重的青春期逆反心理。

这种现象应该引起社会教育者的重视，但有一点应该注意：造成这种情况，父母也有责任。据调查，大多数父母很少向孩子提及自己的生日，到了自己生日当天也从不"大张旗鼓"地过。这种不要求孩子感恩的态度助长了孩子不知感恩的表现。有数据表明，80%的孩子认为自己记不住父母生日的原因是"他们从不提醒，也不喜欢过生日，所以不容易记住"。

因此，教育孩子要有一颗孝顺之心，从让孩子记住父母的生日开始吧。作为父亲，可以和孩子一起为他的母亲准备一个生日礼物，在准备礼物的过程中，向他灌输母亲养育他的不易，要求他懂得对母亲感恩。"记住父母的生日"，现在已经成为河南省郑州市某中学某班的班规了。小西同学将自己给妈妈过生日的情景记在了日记本上：

今天是妈妈的生日，我拿出自己攒下的零花钱，去蛋糕店给她订做了一个小蛋糕。我的钱只够买一个小蛋糕的。虽然蛋糕不大，但是很漂亮，也一定很美味。蛋糕上写着："祝小西最亲爱的妈妈生日快乐！"为了使妈妈的生日过得更有气氛，我特意根据劳动课上老师讲的制作了很多彩带，五彩斑斓的，很漂亮。我与爸爸商量了一切工作都要在保密中进行。

下午妈妈下班回家，爸爸帮我拿彩带洒了她一身。妈妈被搞得一头雾水。我从角落里冲出来，大喊了一声："妈妈，生日快乐！"妈妈这才明白过来，说："我都忘了……"

看妈妈欲言又止的样子，我赶紧把她推到餐桌前，然后我点亮了蛋糕上的蜡烛，请妈妈吹灭，并许个愿望。在烛光闪烁中，我突然看到妈妈的眼角闪着泪花。我偷偷问爸爸："妈妈是嫌我太浪费了吗？"爸爸摸摸我的头，说："傻女儿，妈妈是觉得你长大了。"

妈妈转过头，搂过我，说："女儿，知道你记着妈妈的生日我就知足了。"

通过这件事，我知道了原来妈妈的要求是那么低。爸爸妈妈给我那么多的爱，我应该记得回报他们。以后每一年我都要给爸爸妈妈过生日。

记住妈妈的生日，也就是在心里刻下了"孝"这个字。

 写给父亲的一封信

羊羔有跪乳之德，乌鸦有反哺之恩。我们中华民族更是自古讲究"百善孝为先"。帮助孩子树立正确的孝道观念在家庭生活中是十分必要的，父亲可以借日常生活中的小事来循序渐进地培养孩子：

1. **教孩子明确长幼关系。**

在家庭中，长幼关系是家长必须要尽早使孩子明白的。虽然现在早已不讲究古时的"三纲五常"的教育，家中无尊卑，但长幼有序还是应该为全家人所周知的。家长可以在孩子刚开始懂事时就让他明白：长辈是必须尊敬的，同时也要爱护比自己小的孩子，尊老爱幼是中华民族的传统美德。

在明确长幼有序的道理后，可以在家中制定家规。没有规矩，不成方圆。或许家庭里帮助孩子养成孝顺长辈的好品质是离不开一定的规矩的。这与民主并不冲突。利用一些必须遵守的规矩来协助培养孩子的孝心。比如，要求孩子起床后先要跟父母问好，离家时一定要跟父母道别，定期去看望爷爷奶奶和外公外婆，等等。

婷婷一直觉得自己家处在封建时代，长幼尊卑分得十分清楚。她羡慕国外那种对外公外婆可以直呼其名的家庭关系。然而在她一次偶然地跟外国朋友交流之后才发现自己家的家庭关系虽然传统但却和睦，是值得称赞的。

她的外国朋友叫大卫，是个金头发蓝眼睛的孩子。他告诉婷婷，他很喜欢中国人尊老爱幼的观念，他认为这是十分伟大的传统。这种尊卑不是实际意义上的尊卑，而是教育一个人要对自己的长辈有礼，是值得在全世界宣扬的。

听了大卫的话，婷婷理解了爸爸总是教育她长幼有序的意义，她高兴地跟大卫说："我们家就一直遵循着中华民族这种优良美德！"

2. **跟孩子强调细节处的感情交流。**

如何教孩子尊敬长辈呢？与其用大道理来对孩子进行说教，不如在细节处用实际的行动来表示。在细节和小事上最容易体现出孩子的一片孝心。比如，当奶奶要出去走走，教孩子主动陪伴，其实老人最需要的不是金钱，而只是儿孙在身边说说话。

当然，对不同年龄层次的孩子要有不同的要求。上幼儿园的小孩子，知道每天回家向家人问好就是很好的表现；而孩子上小学或者中学以后，父母就要对其有更高层次的、更具体的要求，比如要他照顾生病的妈妈，帮爷爷奶奶捶背，等等。

要让孩子明白一点，就是点滴的关心最终能汇聚成爱的海洋，每一点爱的付出都不要忽视，只要愿意在细节处对家人付出，家人一定能感受到。不要以为关心太细小就不去付诸实践。机会不会一直存在，有些家人也不会一直陪伴在自己的生命中。

 从名言中学教育：

　　《三字经》中有一句专讲孝道的："能温席，小黄香，爱父母，意深长。"中国还有句老话："树欲静而风不止，子欲孝而亲不待。"教孩子明白，时间不等人，从现在起就要孝顺父母，像羊羔一样回报父母的恩情，只有这样，日后才会没有遗憾。

感情篇

19 和孩子交换一次秘密

随着孩子一天天的成长，他们开始有了秘密。而家长们仿佛都有一个共同的"癖好"，就是千方百计地挖掘孩子的秘密。很多孩子与家长开始出现隔阂就是因为发现了家长的"偷窥行动"。其实秘密之所以被称为"秘密"，就是因为在这一方园地，外人非请莫入。家长不妨设身处地地想一下，既然自己的秘密不希望被人知道，又为什么不能尊重孩子保护自己秘密的权利呢？在这方面，芊芊的爸爸做得就很好。

芊芊比较内向，打小就不怎么爱说话。等她开始有自己小秘密的时候，更是不愿跟别人吐露，爸爸妈妈对她这点一直挺着急。

上个星期天，爸爸妈妈都去加班了，留下芊芊一个人在家里。爸爸走到半路发现忘了带手机，于是匆匆赶回家里。拿到手机正打算出门时，发现满屋子里找不到芊芊了。这时爸爸听到壁柜里传出了芊芊说话的声音。爸爸趴在柜门上听了听，是芊芊在抱怨幼儿园的小朋友午休的时候大吵大闹，害她睡得不好，她在犹豫要不要跟那位小朋友挑明。

爸爸明白了，原来芊芊都是这么吐露小秘密的。这样挺好的，省得孩子没有地方说憋得难受。想到这儿，爸爸轻手轻脚地准备出门。这时正好芊芊也打开壁柜的门往外走。她怀里还抱着最喜欢的那个布娃娃。看到爸爸回来了，芊芊显得很惊慌。钻壁柜的秘密暴露了，她害怕被爸爸批评，而且自己的心事也被人听去了，芊芊又想道歉又不知道怎么开口，心里矛盾极了。

正尴尬着，爸爸转回身笑着跟孩子说："对不起宝贝，我不小心发现了你一个秘密。这样吧，我也跟你分享一个我的小秘密好吗？"

芊芊一愣，顿时轻松下来。爸爸说，他小时候跟芊芊一样，也是不爱说话，可是他没有布娃娃，不知道向谁说，就去屋子外面找蚂蚁。他每次都要把蚂蚁捧在手里直到把秘密倾诉完，把蚂蚁累得满掌心里跑。现在想想蚂蚁们肯定很讨厌他。芊芊乐了，原来爸爸跟她有差不多的童年。她偷偷地决定，以后有什么心事都会跟爸爸说的。

看芊芊的爸爸这一招用得多妙。孩子有什么事不愿意跟大人说，是在主动地疏远大人，被人发现以后当然会感到不安。但是芊芊的爸爸没有因此而对芊芊心存芥蒂，而是聪明地分享了自己的一个小秘密，这个秘密里的自己又跟芊芊那么相似，巧妙地缓和了父女的关系，使芊芊一下子觉得爸爸跟自己近了很多。所以，不妨像芊芊的爸爸这样，跟孩子交换一个秘密，让孩子把你当成知心朋友。

要想了解孩子的内心，得先研究孩子的秘密从哪里来。

3岁之前，孩子是没有秘密的，因为这时候他们还没有"自我"的意识，天天与家人一起生活，依赖性很强，想法、体验与众人是混杂在一起的。

3~4岁，秘密开始萌芽了。孩子学会用"我"来开始一段发言了，在他的意识里已经出现了显著的"自我"，他开始意识到有些自己的事别人未必都知道，也就是说"这是完全属于我自己的"。他开始有了自己的小秘密，但这时他完全没有"保守秘密"的概念，对于秘密是否应该公开并不清楚。

4~5岁的孩子刚刚开始感觉到秘密的存在，但并不能真正理解它的内涵。这时候的孩子发现了自己内心的秘密花园，但却常常毫不避讳地展示给外人看。他们最经常的表现就是，神秘兮兮地告诉别人："来，我告诉你一个秘密，千万不要告诉别人哦！"

上小学了，孩子开始犹豫自己是不是应该把秘密说出去。秘密让他有种独立自主的感觉，但是当他保守秘密的时候，会因为自己对大人隐瞒的行为而感到内疚，因为他不知道自己这么做是对还是错。

到了青春期，秘密的保守开始在孩子们眼中变得理所应当了。随着他们接触社会的增多，秘密的内容也变得更加丰富。孩子们普遍感觉到了与父母之间无法完全交流和沟通，于是这时候很多孩子有了带小锁的日记本。同时，青春期的孩子开始推己及人，意识到要为他人保守秘密了。这是他们开始具备责任感的表现。

因此，拥有秘密是一种成长。孩子拥有了属于自己的小秘密，意味着

感情篇

他发现了自己的内心世界，开始慢慢走向成熟。对此，家长应该感到欣喜。

♥ 写给父亲的一封信

你要怎么面对一个对你隐藏着秘密的孩子呢？

你得端正自己的态度——允许孩子有秘密，允许孩子保留自己的秘密，尊重孩子的秘密，千万不可以偷偷地去打开孩子心里的那本"带锁的日记"。你可以——

和孩子交换一个秘密。

孩子没有义务将自己的秘密告诉父母，若他愿意与你分享，你要把这种待遇当做一种荣幸，这是孩子对你而施的礼遇。假如孩子告诉你一个秘密，为了感谢他的信任，不妨也将自己的一个秘密告诉他。通常，在与家长有了秘密的互换以后，孩子会对家长表现出更大的信任，在其他的事情上也都会对家长抱有信任。

除了交换秘密，还可以采取创造一个共同的秘密的方式。晓峰五岁之后就跟爸爸一起洗澡了。晓峰很怕痒，每当爸爸给他搓澡的时候他总是被逗得咯咯直笑。从浴室出来，妈妈总是一脸奇怪，问他们有什么好笑的，爷俩儿在浴室里笑得那么欢。晓峰的爸爸冲晓峰眨眨眼，示意他不说，这是他们共同的秘密。晓峰得意极了，因为有这个算不上秘密的秘密，他感觉平时一脸严肃的爸爸变得亲近了许多。

替孩子保守秘密。

当你不小心得知了孩子的秘密，请一定替他保密，特别是当这个秘密让孩子有些难以启齿的时候。随着孩子的长大，有些秘密他认为应该是绝对私密的、"誓死捍卫"的，比如涉及他的尊严的秘密：尿裤子，考试考了倒数第一，或者他"喜欢"上了班上的某个小女孩，等等。当你偶然知道了他的这些不能见光的秘密时，他瞬间变为一个矛盾体，你知道了他的秘密，理论上应该是他的"同盟军"了，但他内心很迟疑，不知道是不是应该马上将你"拉拢"在身边，请你不要跟外人说起；也不知道是不是应该竖起防备，与你对峙到底。

这时候，请表现出你善解人意的一面，要让孩子相信你会替他保守秘密，决不会将他的秘密泄露给别人，巧妙地将"干戈"化成"玉帛"。

珠珠7岁了，这个暑假父母都有事，就把她送到姥姥家住。初到新的环境，珠珠对谁都很陌生。尽管大家都待她很热情，但珠珠从心底里怎么也亲近不起来，常常一天下来话也没有几句。

这天睡午觉的时候，珠珠尿了床，正当她不知所措的时候，被姥姥看到了。珠珠惊慌极了，"哇"的一声就哭出来，她觉得长这么大了还尿床是件很丢人的事。姥姥显然看透了珠珠的想法，急忙做了个"嘘"的动作，表示不要让别人听到。随后祖孙俩一起手脚麻利地把弄脏的床单洗了，又换上了新的。床铺收拾干净以后，珠珠长长地松了一口气，看着姥姥笑了。

从那以后，珠珠与姥姥特别亲，到了寒暑假就吵着要去姥姥家住。爸爸妈妈觉得很奇怪，问原因，珠珠也不说，就笑着打谜："因为我喜欢姥姥呗！"

不要把秘密和谎言混为一谈。

父母往往不能在"秘密"和"谎言"之间划清界限，将两者混淆，委屈了孩子。秘密和谎言只有一步之遥，家长一定要好好鉴别孩子到底是在说谎还是有自己的小秘密。有秘密是正常的，不必太过介意，但如果家长误将孩子的秘密当做谎言，给孩子扣上"匹诺曹"的帽子，会打击孩子的自尊，给孩子造成极大的心理负担，甚至会导致他以后经常习惯性说谎。

有时候，孩子的谎言是被家长"逼"出来的。比如，上一年级的鸿禧期末考试必须考双百，否则就免除下学期所有的零用钱，并罚站墙角面壁思过1小时。结果鸿禧没有考到双百，他害怕回家受到处罚，就把试卷团成团扔到了垃圾桶，回家骗父母说试卷老师不发了。

鸿禧的爸爸从老师那里打听到实情以后，回家狠狠惩罚了鸿禧。爸爸惩罚他的理由是：这么小就学会了说谎。可是回头想想，这个谎是不是被家长给逼出来的呢？如果家长没有"必须双百"的荒谬政策，就不会有鸿禧的谎言。谎言编得这么易被识破，说明孩子根本不会说谎。希望我们的

感情篇

家长不要让孩子走到编织谎言的这一步，只停留在秘密上就好了。单纯的孩子不应该拥有谎言。

用一句话来总结就是互相信任是亲子关系的最稳固的基础。

⭐ **从名言中学教育：**

德国哲学家康德说过："被告知一个秘密就是被赠与一份礼物。"何不与孩子交换一个秘密，共享一份礼物呢？

让孩子为妈妈洗一次脚

有这样一则公益广告，每次看到总让人湿了眼眶：

一位年轻的妈妈，下班以后已是掌灯时分。回到家她赶紧手脚利落地忙里忙外，伺候全家人吃完晚饭后，又打了一盆洗脚水，跪在地上给老人洗脚。老人摸摸她的头发，疼爱地说："孩子，歇会儿吧，别累坏了身子！"她撩了撩乱了的刘海，笑着说了一句朴实至极的话："妈，不累。"三四岁的小儿子躲在门框后默默看着这一切，突然转身走开了。镜头再切换进来时，是小儿子吃力地端着一盆洗脚水，步子还不太稳当地冲着妈妈走来。盆里的水随着孩子的步子往外飞溅，但孩子脸上的笑容是那么灿烂。端到不知所措的妈妈面前，孩子稚气的童声响起："妈妈，洗脚！"画面定格了，这时观众恐怕都已经热泪盈眶了。画面上出现了广告语："父母，孩子最好的老师。"

让孩子为妈妈洗一次脚，这是一个非常有名的作业。很多学校都会在假期给孩子们布置。这个作业中所包含的孝义的品质，我们在前面的内容中已经涉及。通过给妈妈洗脚这件事，我们让孩子学会的不只是对父母的孝，更要学会大爱，也就是孔子口中的"仁"。

姜兴是一位商人，10 年前，他和母亲一起做生意。姜兴很努力，生意很快做得风生水起，姜兴也开始成为商界的名流。家里有客人来时，姜兴总是喊："阿桑，去给客人沏点茶。"阿桑是姜兴母亲的名字，但姜兴从来不喊她"妈妈"。在姜兴的眼里，脸被烧焦的母亲是丑陋的。久而久之，大家都以为阿桑是姜兴家里的一个佣人，还为他愿意收留一位脸被烧焦的女人而对他深感敬佩。对此姜兴不愿解释，基本默认了。

几年过去了，姜兴的母亲得了重病。在她奄奄一息的时候，她把姜兴叫到床前，说："儿子，你知道我的脸是怎么被烧焦的吗？当年你才六个月，家里着了火，我冲进去，财物都来不及抢，先去找你。结果抱着你往外冲的时候，一根房梁掉了下来，正砸在我脸上，就把我的脸烧成了这副样子。因为我的脸实在太丑，你爸爸跟我离了婚，我独自抚养你长大。小时候你问我的脸是怎么回事，我之所以不跟你说，是因为我觉得这是我作为一个母亲应该做的，不需要刻意讲出来，你长大自然就会明白，母子之情，血浓于水。而现在，我就要离开你了，我想把事实说出来，因为我没想到我的丑脸对你的影响甚至盖过了母爱，更没想到它带给你的羞辱感一直持续到现在。"

听着母亲的临终遗言，姜兴流下了悔恨的眼泪。

这个故事不仅仅折射出了姜兴身上孝道的缺失，他甚至没有一颗基本的仁爱之心。而这一点，更是当今孩子的通病。只知道索取，从不想付出，孩子们已经离优良性格越来越远。孩子爱人能力的缺失，责任在谁呢？早教专家是这样认为的：孩子并不是天生不懂得付出与给予，恰恰是父母不当的教育方式，在孩子与仁爱之间隔起了一道墙。父母过分地对孩子"一无所求"，一味地付出，导致孩子渐渐对爱人失去了热情。

呼吁家长们，利用孩子的假期，从家庭中做起，让他们重新捡起不小心丢失的仁爱之心吧。即使学校不布置，家长也可以要求孩子为自己的母亲洗一次脚。让他学会爱人，从这一盆滚烫的洗脚水开始吧。

其实除了给妈妈洗脚，还有很多方法给孩子补上这一课。

家里要开饭了，但是妈妈打回电话说加班，赶不回来，让大家先吃不用等她。爸爸可以引导孩子，将妈妈的那份饭菜分出来，放回锅里热着，等妈妈回来一定会觉得很温暖。

在出版社工作的妈妈在书房加班看稿子，由于太累睡着了，爸爸可以问孩子是不是应该给妈妈披条毯子，以免着凉。如果孩子一时反应不过来，可以提示他，当时他睡着的时候，妈妈是怎么做的。

隔壁的奶奶从菜市场回来，菜把她的腰都压弯了，她只好走几步就停下来喘口气歇一歇。在阳台上看到这个情景，要提醒孩子是不是应该下楼帮奶奶提菜。

让我们来看看国外的父母在教育孩子要有一颗仁爱之心时是怎么做的。

劳拉还在牙牙学语的年纪时，已经懂得对别人有所付出了。她常常从外面捡回一片落叶，说是送给爸爸的翡翠。劳拉有这样的表现，要得益于她的父母的言传身教。劳拉的父母是一对非常乐意给予和奉献的夫妻。他们每周都要带着劳拉去爷爷奶奶家，虽然他们隔得并不近，光在路上来回就要花费两个小时，但他们仍然坚持这样，风雨无阻。他们觉得，付出这么一点辛苦但是能够与全家人一起享受天伦之乐是很值得的。除了对待家人，他们对邻居也很是热情。爸爸出差回来总是不忘给邻居带礼物，妈妈也总是把自己家果园里的新鲜蔬菜给邻居送去。感恩节的时候，爸爸妈妈会带着劳拉一起去教会或者图书馆捐一些财物，他们希望能够帮助到一些穷人，使他们的日子过得稍微好一些。

培养孩子的仁爱之心是十分急迫的，"仁"是我国古代的大思想家孔子提出来的，如今在全世界各地落地生根、发芽开花，比在我们本土长得还好。不要将宠溺再继续下去，不要让"仁"的思想荒芜在我们的孩子手中。

 ## 写给父亲的一封信

在培养孩子的"仁爱"之心时，家长有几点需要注意：

1. 不要让自己的心情影响孩子。

爱孩子不能分时候，更不能看自己的心情。很多家长一见到孩子哭闹，就气不打一处来，说理说不听，还会对着孩子出气："怎么这么不听话？""再哭我就不回来了！"可知这样一来，反而会挫伤孩子的感情。家长经常由着自己的心情，对孩子的态度不加注意，如此影响下，孩子也难以形成体贴、关心别人的好品质。

因此，当自己对孩子产生情绪时，要先学着克制，帮助孩子分析他到底错在什么地方。同时也要教孩子不要轻易动怒，将自己的脾气和性子用在与人交往中。让孩子明白什么时候该高兴、什么时候该难受、什么时候可以生气、什么时候委屈也不能说……在这样的教育下，孩子逐渐会成长为一个识大体、懂事理的人。这是"仁爱"的基础。

2. 教孩子照料生病的家人。

拥有一颗仁爱之心，让孩子先从善待家人开始。当家里有人生病时，

感情篇

请孩子帮忙照顾，让他体会亲人的痛楚，意识到自己照顾家人的责任。假如孩子还很小，那么教他在妈妈生病卧床时不要大声喧哗也是好的。有一些家庭中存在这样的情况：妈妈生病了，正在痛苦中，而宝宝却在因为没有人给他削苹果吃而大哭大闹。这样的孩子连自己的母亲都不知道心疼，怎么可能会有一颗仁爱之心去心疼别人、设身处地为他人着想？

当家人生病或遇到难处时，要孩子做一些力所能及的事是有必要的。当爸爸为工作上的事发愁时，女儿轻轻推开书房的门，送上一杯热茶又无声无息地出去，这个简单的动作带给爸爸多少温暖？当妈妈生病卧床，一直悉心地给妈妈端水送饭，这样的孩子多么招人疼！

让孩子帮忙照料生病的家人，时间一长，孩子会养成一种"自觉"，认为照顾家人是自己的责任，而不只是一种冲动性行为。

3. 给孩子创造关爱他人的机会。

在孩子单纯的生活环境中，或许并没有太多的机会让他去关爱他人，这就需要为人父母者有意去创造。比如，多带孩子去孤儿院等福利机构，带孩子去捐款、捐书等，在公交车上提醒孩子给老、弱、病、残、孕让座，买回来的美味让孩子去请邻居来一同品尝。

其实，生活中到处都是帮助他人的机会，在马路上给陌生的旅人指个路，在商店里帮别人递个够不到的商品，在学校中帮同学解决一道难题，这些细微之处的关爱一样能令孩子体会到自己的价值，为自己能帮助别人而开心，渐渐培养起一颗火热的仁爱之心。

 从名言中学教育：

有一句名言："播种思想，收获行动；播种行动，收获习惯；播种习惯，收获性格；播种性格，收获命运。"只要你注重发掘孩子心底里那颗爱心的种子，它生根发芽后会长成孩子背后的一对翅膀。有爱心的孩子都是天使，培养孩子的爱心，从让他为妈妈洗一次脚开始吧！

21 鼓励孩子养一只小动物

德国人素来以严谨闻名，对孩子的教育主要把握两个方面：一是生存教育，二是善良教育。德国的善良教育是教孩子从爱护小动物开始的。德国的父母会往家里买各种小狗，小猫，小金鱼等小动物，不是要把它们当做宠物来养，而是教孩子如何照顾、爱护小动物。

在这个过程中，父母教孩子学习善待弱者，培养孩子的一颗爱心。在德国的幼儿园里，也有各类小动物，为的是配合家庭善良教育。老师会在平时请小朋友们负责喂养小动物，并请他们记录自己的饲养过程，在饲养的过程中发现小动物的可爱之处。孩子们上了小学，善良教育依然在继续，老师用帮助发表饲养小动物的范文的方式来鼓励孩子们认养学校里的小动物，成为社会对孩子进行善良教育的重要一环。

体贴照顾弱小生命，奉献自己的爱心，这是德国人要教给自己孩子的。德国人认为：一个有爱心的人，长大才能成为对社会有用的人。

与德国人比较起来，我们的父母却不太注重对孩子这方面的教育。孩子看到唧唧喳喳的小鸟、满地乱跑的小鸡、自由自在的小鱼一脸兴奋时，家长却以小动物身上有病菌为由，禁止孩子们触摸。我们的孩子被保护在绝对安全、绝对健康的栅栏中，可是家长们是否想过：相对于孩子的身体健康，心灵的健康被摆在了什么位置？家长们恐怕快要忘了在孩子的成长过程中还应该上这么一节课吧！让孩子养小动物的价值何在呢？

首先，喜欢与小动物玩耍是孩子的天性，让孩子养一只小动物是对孩子天性的满足。小动物会成为孩子最忠诚的朋友，与小动物在一起，孩子会变得更加乐观。

其次，孩子大多希望展示自己的独立和能力，让他照顾小动物恰恰能够为他们提供这样一个机会。孩子在照顾小动物时就能培养起自己的责任心。

再次，孩子在照顾小动物的同时，会学习观察小动物的变化，会记录

感情篇

小动物的习性，培养其孩子善于观察的好习惯，促使他亲近小动物、亲近大自然。

最后，也是最重要的，养小动物有利于培养孩子的爱心。孩子懂得关爱小动物，就是学会了爱护弱者、关心他人。小动物的柔弱会激发孩子的善心，使他的性情变得柔和，懂得与人为善。经历过小动物的繁衍与死亡，孩子更是会产生对生命的尊重。

灵灵的妈妈在做可乐鸡翅，发现可乐不够了让灵灵下楼去买，谁知道买了半天还没买回来。妈妈刚要出门找她，发现灵灵就站在门口，怀里抱着一只脏兮兮的流浪猫。妈妈正要发火，但一看到灵灵的眼神，犹豫了。灵灵说："妈妈，我知道你不喜欢小动物，但是这只小猫好像生病了，如果我们不管它，它可能活不了几天了。"

妈妈对动物皮毛过敏，始终不敢碰小猫，她再三嘱咐灵灵一定要做好卫生工作。爸爸很支持灵灵的做法，他带着灵灵一起去宠物医院为小猫治了病，还消了毒。怕小猫吃不习惯，灵灵专门去买了猫粮，小心地照顾着。一放学，灵灵回家的第一要务就是去阳台上看望小猫。在灵灵无微不至的照顾下，猫咪恢复得很快，没几天就重现了生机。

由于妈妈的过敏反应很严重，灵灵不得不在爸爸的陪伴下将小猫送到了一家流浪动物收养机构。虽然才相处了几天，但爸爸看得出灵灵的不舍。回家的路上，灵灵不断地祈祷小猫被一个好人家收养。

其实，让孩子养一只小动物，不必在乎什么名贵的品种，孩子与动物之间培养的是感情，感情无须建立在物质和价格的基础上，对于单纯的孩子，尤其如此。通过饲养小动物培养出的品质，在孩子的一生中都会起作用。让我们学习德国父母的做法，给孩子养一只小动物，不管是小猫还是小狗，不管品种高贵还是低贱，重在借此培养孩子的品质。爱心教育是一门永远都不可放下的教子课。

写给父亲的一封信

出于对孩子安全的考虑，给孩子买小动物来养要注意一些事项，以免孩子在饲养动物时发生意外，好好的教育方法反而产生负面作用。现将注意事项列举如下：

1. 注意饲养小动物的限制。

首先，饲养小动物是有年龄限制的，孩子至少要到五岁才可以饲养小动物，这是专家认为的比较合理的年纪。

其次，如果孩子天生对动物皮毛有过敏反应，或者免疫系统能力不足，那就应该避免使他接触小动物。即使孩子身体十分健康，为了避免小动物传播疾病，在小动物入住之前，也一定要先彻底消毒、注射疫苗。

2. 教会孩子与动物相处的技巧。

教孩子温和对待小动物。尤其是对有些心急于要与小动物做好朋友的孩子，要劝导他不要勉强，太急切的接触反而会使它产生敌意。可以先让小动物熟悉新环境，待多喂它几次食后，它就会与小主人熟悉了。

对于不同的动物，也要讲究不同的相处方式。对于小猫，可以引导孩子在它进食的时候去接触、抚摸它，跟它说话；而对于小狗，要考虑到它护食的习性，在它进食时要教孩子不要碰触它，以免发生危险。可以在小狗趴着休息时，轻轻为它挠后脖颈，这是让它感觉最舒适的动作。

3. 要逐渐熟悉小动物的个性。

动物跟人一样，也有各自不同的性格。与小动物相处久了之后，家长要教孩子去揣摩小动物的习性，以便与它做好朋友。比如，分析家里的小狗属于懒散型还是勤快型，小猫是喜欢独来独往还是喜欢与人腻在一起，鹦鹉是否愿意别人总是逗它说话。在平时的接触中多观察多分析，时间长了，了解了小动物的习性，小主人就能与它们建立更深厚的友情。

4. 经常帮助孩子为宠物打扫卫生。

孩子照顾小动物还可以，要让他包揽全部的活是办不到的。比如，打扫狗窝、为狗狗修剪指甲、定期带猫咪去打针，这些孩子基本都不能做，但这些关系到卫生的措施又非做不可。所以家长要在这方面多多费心。

5. 教孩子对小动物多一些宽容。

小动物经常会闯祸，不是忘了去厕所尿尿，就是将孩子画画的颜料碰洒了，这时候别说孩子了，连大人也很想生气，但是，小动物毕竟是不懂事的，要教育孩子对它们施以宽容。有些孩子在平时是很疼爱家里的宠物的，但一生气起来也常常制造"虐猫""虐狗"事件，这是不利于孩子的成长的。小动物初到家里来，在饮食和卫生习惯上需要一定的调教。家长在调教时要尽量避开孩子，一是省得孩子将"暴力镜头"看在眼里，二是避免某些小动物"奋起反抗"伤及孩子。

6. 预防工作做到位。

家中养有小动物，对于动物伤害就不可不防。家长要备齐所有可能用到的医药产品，比如酒精、纱布等。一旦孩子或其他家人被狗咬伤或者被猫挠伤，在送孩子去医院之前，家长可以先简单处理一下伤口。尤其是出血较多时，要马上压住伤口，止住血，再尽快送往医院治疗。

 从名言中学教育：

非洲之父史怀哲说过："当悲悯之心能够不只针对人类，而能扩大涵盖一切万物生命时，才能到达最恢弘深邃的人性光辉。"培养孩子的爱心，就是让他将悲悯之情遍洒万物生命，使人世间所有的生命都得到关爱。

22 陪孩子做一次长途旅行

　　家长们往往在"旅行带不带孩子"这个问题上很纠结。春暖花开的季节，喜欢旅行的心又开始蠢蠢欲动，但家长们往往认为孩子年纪小，带着他出门旅行很不方便，怕因为要照顾孩子而忽略了美景，于是旅行的计划搁浅了一年又一年。这些想法不能说没有道理，但却忽略了很重要的一点——旅行对孩子来说的意义。

一、亲子旅行快乐多。

　　家长们，尤其是父亲，多因为工作繁忙，回到家也显得压力重重，虽然有心陪孩子玩，但往往苦于没有多少时间，常常应付了事。那么，找一个固定的时间，带孩子出去做一次长途旅行吧！这些天将完全属于你和孩子，没有了工作上的烦恼，抛开家庭的琐事，全身心地跟孩子来一次亲子交流，心情也会轻松很多。想想因为工作，你对孩子忽略了多少？你甚至不知道他什么时候长齐了牙齿，不知道他现在的体重，不知道他已经会自己剪指甲。在旅行中，你可以慢慢补偿孩子，用几天的时间去品味他的成长，告诉他你爱他。

二、旅行中锻炼身体。

　　孩子有多少锻炼身体的机会？连每天在幼儿园或者学校与家之间往返这点路程，都有校车或者父母直接接送。在学校里更不用说了，日益沉重的学习负担使得孩子喊累叫苦不迭，哪还有心情去锻炼！长途旅行恰恰可以弥补这一点。谁说旅行就一定要住豪华酒店，如果你舍得，其实风餐露宿对孩子更好。游山玩水，少不了活动身体。身体活动起来，孩子吃饭也香了，睡觉也踏实了，旅行回来你会发现小脸被晒得黑黑的孩子好像结实了很多。

感情篇

三、旅行是一本教科书。

旅行这本教科书比孩子天天看的那些要生动得多，也深刻得多。旅行的实质就是去体验自然、观察风土人情、了解世界上其他人的生活。所谓"生活在别处"，孩子会对那些他从没见过的东西充满好奇，顺着好奇心的驱使，他就会主动去探索和找寻，从而增长见识。

孩子还不定性，如果将其围在井底，他充其量只能成长为一只青蛙，而如果有机会带他出来看看大千世界，他的心将会因为眼界的开阔而起变化。亲眼见到的永远都比书本上学来的或者别人说的更直观，更能触动孩子幼小的心灵。孩子也许从他所看到的世界中找到了自己的爱好所在，从而萌生出追求所爱的欲望。从另一个意义上来说，见多识广的孩子心胸相对就广阔，思维更宽，待人更大气，在处理问题时也更具有弹性。丰富的旅行经历将使孩子一生受益。

有这样一本书，讲的就是一对父母带着自己3岁的小儿子横越欧亚大陆的旅行经历。他们从北京出发，坐火车先是到了内蒙古大草原，在那里吃了羊肉、睡了帐篷，也骑了草原上的烈马，然后穿越西伯利亚，来到了莫斯科红场，到赫尔辛基的时候正赶上当地的仲夏节，又到斯德哥尔摩皇宫漫步，又去寻找柏林墙的遗迹，然后来到了浪漫之都巴黎，游历了各大博物馆，流连了无数咖啡厅，又来到阿尔卑斯脚下，接着又去了佛罗伦萨，最后在迷宫一般的古罗马帝国的遗址中寻找出路。

这一趟旅行，让众多读者觉得匪夷所思，然而这对父母却觉得让孩子和自己一起成长，了解了异国风情、学习了人生价值、体验了生命之美，是最有意义的教育。

三四岁的孩子，已经可以与父母一起旅行了。到孩子十多岁时，频率可以更高一些。考虑到孩子的身心特点，专家建议孩子八岁以下每年的长途旅行可以安排一两次，8～12岁之间可以安排两三次，13岁以后可以安排三四次。在旅行时，可以请孩子每晚写一篇旅行日志，总结一下旅行的感受，同时留下美好的记忆。

写给父亲的一封信

带孩子去旅行确实是个累活儿，但如果能锻炼到孩子，相信家长们也就"不辞劳苦"了。带孩子去旅行，毕竟不比在家里自在和方便，把孩子健健康康、快快乐乐地带回来是一件并不轻松但必须完成的任务。这里准备了几个"小贴士"供父亲们参考：

1. 选择合适的出行方式。

跟团还是自驾游，这是个问题。其实这两种出行方式没有什么确定的好坏之分，只要适合自己家的情况就是好的。自驾游的优势在于比较自由，但同时也比较辛苦，万事自己操心，有可能光订酒店这一点就浪费掉你很多时间；随团旅行的优势是比较省心，吃住都有人帮你提前解决了，缺点是不够自由，如果旅行团正在泰山顶上等着观日时，孩子一时兴起非要下山去，你走也不是不走也不是，这样就比较尴尬了。每家出行都可以根据各自的情况选择合适的出行方式。

2. 选择合适的目的地。

旅游目的地的选择不能仅凭自己的喜好，而应该照顾到孩子的兴趣，选择一个适合宝宝的地方。比如，当孩子还不到 3 岁时，带着他去爬山很显然就不是一个好决定，孩子不开心，父母也辛苦。孩子小的时候比较适合去海滨浴场之类的安全风景区，孩子欢快地玩沙玩水时，家长在旁边也能得到充分的休息。不过要注意的是，夏天带孩子出行，一定要做好防晒准备。孩子的皮肤太嫩，不适宜太多的阳光直射。订酒店的时候咨询清楚孩子是否可以免费和父母同住一个房间，以方便照顾。

3. 行程机动灵活。

旅行的乐趣不在于最终的目的地，而在于快乐的过程。在旅途中可以根据孩子的不同反应来机动改变计划。如果旅行的半路上遇到一个美丽的小村庄，孩子觉得兴奋，可以暂停在当地休息，陪孩子一起看看村民的生活；如果每天起床就去游山玩水，孩子觉得累了，可以休息半日，陪孩子在酒店里睡个懒觉，去酒店对面的超市购购物；如果孩子突然不舒服，要马上带他去看医生，不要非坚持到旅行结束回家再做处理。总之，快乐的

感情篇

旅行才有意义，不要为了旅行而旅行。

4. 准备足够的"孩子专用"。

旅行的很长一段时间要耗费在乘车上，这是最无聊却必不可少的一个环节。为了吸引孩子的兴趣，配合旅行，家长可以实现带一些孩子喜欢的小玩意儿。当孩子感觉困顿时，拿出他最爱的变形金刚，他会立刻变得兴奋起来；当孩子饿了，拿出他最喜欢吃的零食，他一会儿就恢复精神了。这些"孩子专用"会让他觉得原来旅行跟在家里是一样的，一样有变形金刚和薯条，会提高他对旅行的兴趣。此外还要为孩子带上足够的水，每到一个"中转站"都要备足水资源。

5. 安全第一。

带孩子出门，第一要保证他的安全。孩子走失或者受到意外伤害是父母最不愿看到的。孩子顽皮好动，到了风景美丽的地方更是高兴地像脱缰的野马，家长一定要保证孩子在自己视力所及的范围内，以便第一时间知道他的所有情况。可以给孩子穿戴颜色鲜艳、辨识度高的衣服或帽子，在孩子衣服的口袋里放一些零钱，放一张写有孩子姓名和父母联系方式的卡片。在外出之前，教孩子一些碰到意外情况时的应对策略，比如怎样自我保护、怎样最快地与父母取得联系，请别人帮忙时选择什么样的人，等等。

6. 从短途旅行开始。

带孩子做长途旅行，是需要很多经验的。不妨选择家附近的风景名胜，先带他从短途旅行开始，每次一天或者半天，观察孩子的适应能力强弱，为孩子积累旅行的经验，待到时机成熟了，再带他做长途旅行。

 从名言中学教育：

孔老夫子有句名言："知者乐水，仁者乐山。"旅行能带给孩子好的心境，使他放松心情，感受自然。亲子旅行还能增进家长与孩子之间的亲密关系。我们的家长何乐而不为呢？

认知篇

　　孩子对世界的最基本的认识是家长教给的。虽然大多数的知识要到学校去学习，但家长的教育是基础。基础不牢，则地基不稳，地基不稳，孩子以后的知识构架就会缺乏稳定性。因此，家长应该重视在孩子小的时候对他进行一些必要的认知教育。

　　认知教育不是只要孩子懂得一些常识，主要是让孩子对世界有个大概的认识，最好是教给孩子一些他在学校不会学到的知识。比如，要孩子了解生死就是十分必要的。

　　　人生幼小，精神专利，长成已后，
　　　思虑散逸，固须早教，勿失机也。
　　　　　　　　　　　　——《颜氏家训》

23 带孩子去参加一次葬礼

如果你是个常去超市的父亲，你一定知道李锦记这个牌子。没错，李锦记是个酱料的老牌子。香港李锦记集团创建于1888年，迄今已有124年的历史。创立以来，李锦记凭着严格的品质管理手段和强大的市场拓展能力，一步步走到了今天，分销网络遍布世界五大洲80多个国家和地区，真正实现了"有华人的地方就有李锦记产品"。

这个如今已经蜚声海内外的酱料王国采取的是世袭制，如今已经传到了第三代。家族企业可以代代兴盛的例子并不多，李锦记繁荣的背后必有优秀的家庭教育，其中有一条就是——参加葬礼时必带着孩子。这传说是李锦记的第三代传人李文达对子女的独特的教育方法。李文达认为，葬礼与婚礼不同，除了没有一团喜气外，还可以更多地反映人情世故。他要孩子从不同葬礼热闹与凄清的不同，去体味人生的得失，更要孩子从葬礼中去学习到人生的无常、生命的可贵。

在对孩子进行各种各样的认知教育之前，我们首先要唤醒的是孩子对生命的认识，要孩子明白，生命只有一次，生命来之不易，我们每一个人都应该珍惜。

英杰回忆起他人生中经历的第一场葬礼。他说，就是从那时起，他开始了解生命的意义。到今天他仍然感谢父亲。

那是5岁那年，英杰的大伯去世了。父亲带着他匆匆赶回了老家。

到家的时候已经是上午10点多了，亲戚们都到齐了。偌大的院子里站满了人，却毫无热闹可言，只是一派肃穆。映入眼帘的除了黑就是白，仿佛天地都失去了颜色。

英杰跟着父亲一起来到大伯的灵位前面，行了跪拜礼。大伯生前很疼爱英杰，因此英杰一看到大伯的遗照就哭了，从开始的抽泣到最后号啕大哭。周围的人也受他感染，纷纷低头抹泪。

简单吃过午饭，父亲带着英杰去了大伯生前的房间。英杰一眼就看到他每次回来都要拿来当马骑的板凳了。那是大伯亲手给他做的，想着想着，英杰的眼泪就又来了。那是他第一次真切地体会到物是人非，人世间最伤心不过如此。父亲的眼圈也红了，扶着他的肩膀，说："我们临走把它带回家吧，就当你大伯一直在陪伴着你，好不好？"英杰点点头。

晚上在老家留宿。院子静下来了，大自然窸窸窣窣的声音更显寂静。父亲陪英杰坐在院子里，默不作声。院子里挂着大灯，随着风微微摆动着。一群飞蛾不停地往灯上撞去，失败了飞回来再来。终于一只蛾落了下来，估计是被烫伤了，在地上扑棱了几下翅膀，再不动弹。英杰把它从地上捡起来，问父亲："它怎么不飞了？它是死了吗？"

父亲点点头："是的，它死了。孩子，生和死都是一种生命的状态，每个人都要经历，这是自然规律，谁都无法违背。"

"它就像大伯一样。"抚摸着那只飞蛾，英杰的眼里又闪出泪花。

"对，它就像大伯一样。但是你看到它刚才奋不顾身去扑那团灯光了吗？那就是它的梦想。你大伯也是，他生前也勇敢地追求过自己的梦想，而且他善良、宽容，才赢得了这么多人的怀念。生命这么短暂和无常，要求我们珍惜自己的生命，在自己可以把握的时间里，实现最大的人生价值。这是对大伯最好的纪念。"父亲尽量挑他能懂的语言来阐释。

现在想起来，虽然生与死这个命题对那时的小英杰来说太过深奥了一点，他在之后的很多日子里，又经历了更多的人事变迁，才慢慢成熟了起来，真正懂得了生与死的意义，但他最难忘的还是父亲教给他的这第一堂人生的必修课。当他为人父以后，他明白，带孩子去参加一场葬礼是一位父亲应该给孩子上的第一堂关于生命意义的课程。

在孩子眼中，他们的生命还很漫长，长得看不到尽头。对于生的好奇尚且还没有被开采完毕，他们哪里有时间去思考死的问题？没见过死亡，就不懂得去体味生命，不懂得珍惜生命，把握今天。教给孩子"死亡是什么"不是目的，目的是教育他热爱生命，珍惜时间，让自己的人生过得有意义。人类文明史上有许多这样的例子。

1968年6月1日，人类的夜空一颗流星划过，带走了一个独特的生命个体，一位生活在黑暗中却带给人类以光明的女性，一位谱写出辉煌的生命赞歌的学者、作家、教育家。她就是海伦·凯勒。马克·吐温这样评价她："19世纪出现了两个了不起的人物，一个是拿破仑，一个是海伦·凯勒。"

1880年6月27日，海伦·凯勒出生在美国亚拉巴马州北部的一个叫塔斯喀姆比亚的城镇。刚到人世19个月，可怜的小海伦就被一场猩红热夺去了视力和听力，不久之后，又失去了语言表达能力。

生命这样地频设关卡，可是小海伦没有自暴自弃。在家庭教师安妮·莎利文的帮助下，她凭着顽强的毅力克服自己生理上的缺陷和精神上的痛苦。她学发声只能靠触觉，用手去领会发音时喉咙的颤动和嘴的运动，有时为发一个音一练就是几个小时。类似于这样常人想象不到的痛苦，她经历了太多太多。她不断地用自己的坚持和努力来与正常人看齐，最终取得了常人难以取得的成绩：

她以优异的成绩毕业于美国拉德克利夫学院；

她通晓英、法、德、拉丁、希腊五种文字；

她出版了《假如给我三天光明》《我的生活》《我的老师》等14部著作；

她走遍了世界各地；

她为盲人学校募集资金，把一生都献给了盲人福利和教育事业；

她被美国《时代周刊》评为美国十大英雄偶像，荣获"总统自由勋章"等奖项。

可以说，海伦是一粒被埋在瓦砾下的种子，然而她不仅推开瓦砾破土而出了，还让一个残缺的生命怒放如此，我们健康的人又有什么理由不去珍惜自己的生命呢？

带孩子去参加一场葬礼只是一种形式，生命教育还有许多其他的方式。比如澳大利亚的学校视频授课方式。在澳大利亚，每个小学生在三年级的时候都会接受生命教育，这是必修的课程。在三年级开学的日子，家长也会收到邀请。在那张来自家庭生活服务中心的邀请函上，写着这样一句话：欢迎您和您的孩子一道，来学习关于生命的课程。这项工作在当地已经进行了60多年。

无论采用哪种形式，我们要展示给孩子的是一个巨型的PPT课件，上面写着："生命之轮始终滚滚向前，不给任何人回头的机会。这一生你只能走一遍，所以要热爱这只有一次的生命。"

写给父亲的一封信

作为一个父亲，作为孩子心目中山一样的存在，你有义务让孩子明白"死亡"的意义，同时，考虑到孩子成长过程中的各种因素，在带孩子去参加葬礼时，还要注意对他进行以下几点的引导：

1. 让孩子真正明白"死亡"的含义。

很多孩子之所以难以摆脱亲人死亡带给他的恐惧感，是因为他没有真正明白"死亡"的真正含义。这时候你要告诉孩子：死亡是一种自然规律，我们每个人，不分贵贱贫富都会经历。生命的本质是机体内同化、异化过程这一对矛盾的不断运动，而死亡只不过是这一对矛盾的终止，所以没有什么可怕的。

2. 要引导孩子坦然接受亲人去世的现实。

随着孩子的成长，他会慢慢具备一定的理性判断能力，但即使理性上接受了亲人去世，还是会不可避免地受到一些情感上的打击。这时候你要引导孩子：逝者不复归，唯有珍惜生命，积极面对生活才是对逝者最好的追思，因为爱是连接生者和死者的唯一桥梁。

3. "死亡教育"最终要落脚到热爱生命的教育上。

孔子曾言："未知生，焉知死？"带孩子去参加葬礼，不是只让他认识"死亡"这回事就结束了，而是最终要落脚到热爱生命、珍惜生命的教育上，鼓励孩子去追求梦想，走好自己的人生。父亲最大的责任是通过带孩子去参加葬礼，来帮助他树立正确的生死观、得失观乃至人生观。

不可否认的是，让孩子接受生命教育是必需的。我们要的不是带孩子去参加一场葬礼这样一种形式，而是形式背后的实际意义。

从名言中学教育：

法国思想家罗曼·罗兰说："世界上只有一种英雄主义，那就是了解生命而且热爱生命的人。"生命是教育的基础，请抓紧时间给孩子上一堂热爱生命的课程。

24 与孩子协商一个"动画片时间"

每一位家长都希望自己的孩子有着良好的习惯，大到爱读书、爱学习，小到按时起床、上学不迟到，乃至严格控制看动画片的时间。

瑶瑶今年 4 岁了，最近迷上了动画片《喜羊羊与灰太狼》，磨着爸爸给她买了一套光碟。谁知道就是这套光碟助长了瑶瑶的坏习惯。每天一早起床，瑶瑶脸没洗牙没刷就去摸电视遥控器；到了晚上该睡觉了，瑶瑶还目不转睛地盯着电视机呢，喊她也不听。有时候爸爸实在生气，就实行"武力镇压"，强行关掉电视机。这时的客厅里，电视机是不做声了，但瑶瑶的哭声却随之而来了。

无奈中的爸爸终于想出一个好办法——与瑶瑶协商规定一个"动画片时间"。她自己决定的，执行起来就不会那么难办了。在动之以情、晓之以理地让瑶瑶明白了长时间收看电视的坏处后，经过艰难的谈判，双方终于达成协议：每天瑶瑶有半个小时的"动画片时间"。时间一到，马上停止观看。

协议生效的第一天，瑶瑶还是像以前一样，一早就抓起遥控器，爸爸咳嗽一声，善意提醒她："现在把'动画片时间'用掉，晚上回来可就不能看了哦！"瑶瑶犹豫了一会儿，终于放下了手中的遥控器，决定把时间留到晚上。晚上到家，瑶瑶得意洋洋地按开电视，享受她的"动画时光"。半个小时一到，爸爸就在旁边提示："请选择关掉电视机还是继续观看，友情提醒，按照协议规定，如果您决定继续观看的话，明天的'动画片时间'将被取消。"瑶瑶撅撅嘴，还是按掉了电视机。对于她自己按了红手印的协议，她没有权利表示异议。爸爸暗地里叫好。

时间一长，瑶瑶长时间看动画的坏习惯真的被改掉了，取而代之的是现在每天的"动画片时间"一过，她准回到自己的小房间，或者做点手工，或者早早洗刷睡觉。而且再也不需要家长监督，每天她都是自己看着闹钟，自己监督自己。看着女儿这么守信用守原则，爸爸别提有多开心了。

从瑶瑶身上我们可以看出，孩子并不是没有好的习惯，而是家长不懂得引导孩子养成好的习惯。家长对孩子习惯的养成起着重要的作用。坏的习惯往往是由于家长的纵容，而好的习惯则需要家长运用智慧来引导。

有人总结了孩子在 18 岁前应该养成的这样几条简单的习惯：

第一，让孩子养成生活自理的习惯。从小就让孩子学着自己穿衣服、收拾书包，条件允许的话还可以让他自己去学校。另外还可以让孩子分担一些简单的家务，比如扫地、倒垃圾，等等。

第二，让孩子养成好的学习习惯。教孩子上课时要注意认真听讲，回家要记得温习功课。热爱读书的好习惯也是优秀孩子的标志。

第三，让孩子养成"不懂就问"的好习惯。哪怕是最优秀的科学家，在他的专业之外可能甚至不及常人，因此多请教别人是一个好习惯。"不懂就问"，孩子才会越来越有内涵和知识。

第四，让孩子养成热爱运动的好习惯。身体是革命的本钱，家长也最注重孩子的身体健康，但是不能一味地在吃上给孩子增加营养，运动才是保证孩子身体健康的最好的方法。

第五，让孩子养成与人交流的好习惯。与同龄人的交流能够锻炼孩子沟通、忍让、妥协、坚持等各种能力，是一个适应社会的过程。

第六，让孩子养成勤俭节约的好习惯。孩子在生活条件好的今天往往不注意花钱的节制性，看到什么喜欢的也不管价钱就要家长给买。长此以往，孩子会觉得钱来得容易，不懂得节约，丧失了勤俭的优良传统。

写给父亲的一封信

要想使孩子养成良好的生活和学习习惯，家长要多加"干预"。这种干预不是指家长直接的说教，而是要家长从各个方面，耐心地引导孩子培养好的习惯。

1. 先树立家长的良好形象。

家长有好的习惯，孩子自然就会模仿。比如，在一个家庭中，父母都按时作息，孩子就不会有熬夜的习惯；父母都不吸烟，孩子也不会轻易地去学习吸烟；父母都品行端正，孩子的人品一定也不会错。这就是家长的"影子"作用。

家长要求孩子有良好习惯之前，自己要先"身正"，养成良好的作息习惯、卫生习惯等，平时注意用礼貌用语，助人为乐。不用担心孩子不听话，父母这些良好的习惯养成都会潜移默化为孩子的优良品质。

2. 不要将对孩子的表扬埋在心里。

不将表扬埋在心里，也就是说，对孩子要及时地提出表扬和鼓励。无论孩子的某个习惯多么简单，只要是好的，家长就要表示肯定。家长要长一双"火眼金睛"，哪怕对孩子一丁点好的变化，也应该马上发现、及时赞赏。

当一个沉溺于网络游戏难以自拔的孩子某天放学回家突然摊开书本写起了作业，哪怕明知他是因为受到了老师的警告，家长也最好装作不知道，而仅仅对他的表现提出表扬，鼓励他把心收回来，回到学习上。表扬对孩子的激励作用永远要强过单纯的批评。

3. 给孩子做"引路人"。

要让孩子养成良好的习惯，先要给孩子讲明白习惯的作用。好的习惯能助人成长，而坏的习惯足以毁掉一个人的前途。在习惯的养成上，要引导孩子明白什么样的习惯是好的。什么样的习惯是坏的。要努力去培养好的习惯，杜绝坏的习惯。同时要告诉孩子，习惯的养成不是一朝一夕的事，好的习惯养成后让人受益终生，而坏的习惯一旦养成，再想要悔改就难了。

4. 将好的习惯上升为"家规"。

规则比习惯高了一级，其规定性要求在规则下的人必须遵守，是协助父母培养孩子良好习惯的好方法。父亲可以借自己"一家之长"的形象，在经过全家人同意的前提下，将一些全家共同拥有的好习惯上升为"家规"，规定全家人除特殊情况外必须执行。如有违背，可以施以适当的惩戒。要注意的是，"家规"面前，人人平等。同样违反了规矩，千万不可孩子受罚而家长不受，或者家长因为不想失去尊严而也免去对孩子的惩戒。这样反而会使孩子对"家规"失去敬畏，从而视不遵守规矩为家常便饭，父母的目的也不会达到。

具体的执行上，在此举例说明，比如，家里人有早睡早起的好习惯，就确定一个时间，给它冠以"家规"的名号，率领全家人一起遵守。这样，孩子再看动画片着迷时就不致到太晚，随着孩子长大，接触网络游戏后，也不会玩到超过休息时间。这样的习惯无形中就替父母做了一回培养孩子的好帮手。

5. 教会孩子遵循习惯的方法。

习惯是不好坚持的，往往需要人有较强的自制力。但习惯的遵守也是有方法可循的。家长不要一味地要求孩子坚持习惯，而不去关注孩子的持续性，或者忽略孩子在坚持习惯时的困难。

比如有时孩子做到了早睡早起，但做起事来却慢慢腾腾，影响了一天的效率。家长就要告诉孩子：早睡早起不只是一种形式，如果白天有什么重要的事，只有早起是没有用的，一整天都应该有早起时的精神头，带着精神头去做事，才能事半功倍。

在做事时，要学会统筹规划。比如孩子起床后，可以先倒一杯开水，然后去洗刷，这样等洗刷回来，水已经变温可以喝了。但假如孩子不懂做事的方法，只是按照程序来，先去洗刷，回来再倒水，这时要想喝水只能等水慢慢变凉了，白白浪费了时间。

总之，教孩子养成良好的习惯对他的成长是大有裨益的，父亲应该在各种生活细节中，发现培养孩子良好习惯的各种契机，从而使孩子的成长之路更顺利，也更平坦。

 从名言中学教育：

古罗马哲学家爱比克泰德说："是否真有幸福并非取决于天性，而是取决于人的习惯。"父母若肯帮助孩子养成好的习惯，就是渡他去往幸福的国度；而如果纵容他养成不好的习惯，则是不负责任的教育。

每月陪孩子去一两次书店

你还记得当年孩子"抓周"抓到一本书时全家人眉开眼笑的样子吗？那时候你正憧憬着：这孩子以后肯定是个大作家。可是为什么现在孩子拽着你的衣角，撒着娇求你陪他去书店的时候，你总是"忙忙忙"呢？你习惯于直接自己开车去书店买一堆书给他，或者给他足够的钱说"去吧去吧，想买多少买多少"。你可知道，你用钱堆出来的孩子面前的书，与你用时间带他去书店边看边挑选出来的书，对孩子来说，完全是两种不同的味道，一种泛着铜臭，一种飘着墨香。

书是什么味道的？

以擅长经商闻名的犹太人十分重视孩子读书习惯的培养，他们认为书中有智慧。在犹太人家里有一种特别的仪式：当小孩稍稍懂事时，母亲会将一滴蜂蜜滴在《圣经》上，让孩子去闻。母亲这是要告诉孩子："书是甜的。"

犹太人还有一个传统，家里的书橱要摆在床头而不是床尾。如果有谁家把书橱摆在了床尾，则会被认为是对知识的不敬。

犹太人对书的敬重通过一项调查结果就可见一斑：1988年，联合国教科文组织发布了一系列数据，以色列是世界上人均拥有图书和出版社最多的国家；每年人均读书量也是最高的。在这个犹太人占其人口总数的5/6的小国家，14岁以上的人平均每个月即可读一本书。

听听"苦恼父亲"怎么说

常常听到有些父母抱怨自己的孩子不爱看书，写作文是个头疼的事，有时实在写不出来，还要跑回家找爸爸妈妈当"枪手"。有这么一位"苦恼父亲"，他抱怨得更是悬乎："我儿子天下万物全都爱，独独不爱书。"

参观过这位"苦恼父亲"的家，才知道原因何在——四室一厅的大房子，装修得古色古香，各种家具电器、名贵古玩、珍奇异草，家里都有；厨房里也厨具齐全。走一圈，总觉得少了点什么，原来是没有书房，偌大的屋子一本书都没有，更不用提书桌、书架了。有一间屋子，装了一台气派的苹果电脑，电脑桌虽不小，但摆上电脑以后就显得空间局促了。"苦恼父亲"的儿子就在这个电脑桌上写作业。家里以前也有不少书的，但是因为孩子都不看，他和妻子工作又忙，索性在搬家的时候都卖了废纸。

孩子不爱看书，你们爱吗？

听了这位"苦恼父亲"的话，我们不禁要问了：孩子不爱看书，你们爱吗？家长们常常被这个问题搞得摸不清头脑，好像书就应该是孩子看的，成年人天天忙于工作，时间、精力都没有多余的，怎么看书呢？于是书就悄悄地撤出了一些家庭。

翎羽参加市里举办的中学生作文大赛拿了大奖，翎羽爸爸的同事都找来了，道喜的同时，纷纷问翎羽的爸爸妈妈是怎么培养出孩子这么高的作文水平的，又不住地埋怨自己的孩子写句话都不成句，文章更别提了，写个800字的小作文跟挤牙膏似的。

翎羽的爸爸笑了："我们啥也没做啊，没有给她请辅导老师，也没有送她上过培训班。"

家长们摇着头，苦笑："那就是小翎羽有天赋了，看来我们这'经'是取不到了，我们的孩子天生一副榆木疙瘩脑袋！"

翎羽的爸爸想了想，说："要说培养，我们就是培养起了她爱读书的好习惯。她小时候，我和她妈妈就轮流着给她'念书'听，各种书只要是家里有的都念。她长大一点，我们就带她去书店或者图书馆看书。我们发现，她在家的时候会淘气，但是一到了书店，捧着一本书能老老实实待一下午。等她上了小学以后，虽然已经可以自己一个人去书店了，但我们还是常常约好一起去。跟孩子在一起泡书店，我觉得自己也爱上看书了。有时候我们一起在书店里看到人家打烊才出来，也不觉得饿。这孩子能写出好的文章来，估计就是跟这个有关。俗话说，'读书破万卷，下笔如有神'，可能就是这个道理吧。"

听了翙羽爸爸的话，家长们不做声了，他们谁也没有做到每周陪孩子去书店，一泡就是一下午。这番朴实的话让他们陷入了沉思中。

适当"干涉"孩子所选的图书

看名著最好要"从娃娃抓起"。有些家长也带孩子去书店，但至于孩子看什么却抱一种不闻不问的态度。不可否认，他们是新型民主派家长，但在孩子看书的这一点上，民主并不见得是最好的方式。现在的图书市场，各种图书种类繁多、琳琅满目，孩子进了书店很容易"挑花眼"，特别是看到动漫、搞笑一类的图书更是迈不动腿了。不是说孩子看这一类书不好，而是不要把所有时间都放在这上面。这时就需要家长的引导和调控了，让孩子多读一些名著一类，对他的一生都是有很大好处的。

青青的爸爸很喜欢带青青去书店，一开始，都是父子俩一起看，坐在一起，各看各的，谁也不打扰谁。看着儿子专注的样子，爸爸觉得很欣慰。后来，爸爸发现即使他不在旁边一起看书，青青也从不乱跑，于是开始"偷懒"，常常把青青一个人放在书店，就忙自己的事情去了。傍晚该吃饭时，爸爸再开车到书店把青青接回家。

几个月以后的一天，青青的爸爸突然心血来潮，想留下来陪儿子看书，却发现儿子拿在手里的都是漫画一类的图画书，有点失望。他问儿子，这几个月在书店净读这些了吗。儿子想了想，说以前爸爸一起看书的时候，他读的都是爸爸推荐给他的名著之类，但是后来他自己去书架选书，发现还是漫画更好看一些。因为漫画大部分都是连载的，因此天天想着自己上一次看到什么地方了，以后的故事情节会怎么发展。

爸爸一听，后悔莫及，他知道孩子一旦养成读漫画书的习惯，再让他重新拾起名著之类的大部头就难了。他后悔当初没有一直在孩子身边，帮他推荐最好的读物。

不要像青青的爸爸那样，孩子的阅读还是需要适时引导的。要挑那

认知篇

些可以让读者产生思想共鸣的优秀的书籍推荐给孩子，让他在读书的同时得到营养，碰撞出思想的火花，找到影响自己一生的良师益友。

写给父亲的一封信

让孩子爱上读书，并不是一件简单的事，需要父母用耐心、爱心和细心引导他。怎么样才能让孩子爱上读书，让家长事半功倍呢？

1. 带孩子去看书时，给他一定的选择自由。

孩子挑了自己喜欢的书，自然会抱着看个不停，不需要家长强制。当然，这个自由也要有一个限度，比如不能一下午都看漫画书，要适当加一些有深意、有哲理、有教育意义的书籍，特别是对大部头的名著，要培养孩子阅读的兴趣。

2. 巧妙吸引孩子读大部头。

大部头的确不像漫画一类容易吸引孩子，但家长要想办法吸引孩子去读。比如，可以先给孩子讲一个孙悟空三打白骨精的故事，讲完了孩子还缠着你讲，你就可以说："爸爸很忙，孙悟空的英勇事迹在《西游记》里还有很多，你可以自己去读一读。"孩子等得不耐烦了，就会去捧起书来读的。

3. 和孩子交流读书感受。

泡完书店跟孩子一起回家的路上，可以跟孩子交流一下今天看了哪些书，有什么感受。通常家长主动问到书的内容，孩子会表现出很大的兴趣，下次会更细心地去读，因为他渴望与家长进行交流和沟通。家长一定要表现出你对他所看的书感兴趣，并且可能的话去了解一下那本书。如果你某一天在饭桌上跟孩子谈论起这本书，说得头头是道，孩子会有被肯定的感觉，从而会更痴迷于看书。

4. 给孩子大大的鼓励。

当孩子告诉你"用肥皂洗手会让手变得很干"，或者跟小表弟说"乌龟在岸上晒太阳是不会干死的，因为它是两栖动物"，请你睁大眼睛惊奇地问一句："宝贝这些你是怎么知道的？"他会得意洋洋地告诉你："是从书中知道的。"这时要给他一个大大的拥抱，并夸奖他太了不起了。不要吝啬对他的夸奖和鼓励，这会成为他读书的动力。

 从名言中学教育：

宋朝大诗人苏轼曾有诗曰："发奋识遍天下字，立志读尽人间书。"不妨就拿这句诗来激励孩子，多陪孩子去几次书店。

认知篇

26 跟孩子聊一回"性"

"性"在中国这个大环境中一直是个比较隐晦的话题，成年人之间尚且不太好意思说，家长在孩子面前就更加难以启齿了。于是在中国父母对孩子的"性教育"几乎就是空白。

近几年，学校的教育者们开始意识到性教育的迫切性，纷纷开设生理卫生课，但仅仅由学校来"挑大梁"显然是不够的，由于学校只能大范围地施教，加之"性"的敏感性，孩子们的接受度普遍偏低，教育效果并不好。毕竟家长是孩子性教育的第一任老师，于是学校开始通过给家长上课的途径，促进家长性教育意识的觉醒，从而通过"家校联合"，来达到对孩子的良好教育。

让我们先来看看杭州市朝晖中学关于性教育的举措产生的影响：

先来介绍一下这所中学：杭州市朝晖中学于1984年创办，连续多年来发展迅速，以先进的教学理念和一流的教学水平受到了社会各界的广泛认可。

朝晖中学曾在家长中做过一次问卷调查，结果让人震惊：20％的家长认为性教育应该完全由学校来承担；60％的家长对孩子的发育不闻不问；当孩子提出有关性的问题时，15％的家长会对其进行批评，75％的家长不知道如何作答……

整理了这些令人惊讶的问卷后，学校决定不再单单对学生进行青春期教育，而是将家长也拉入性教育的行列，让孩子的第一任老师自觉上岗，担负起他们没有意识到的重任。实施方案是：将384名初一新生的家长召集起来，举办了一场别开生面的家庭性教育讲座。至于讲座的效果如何，让我们来听听家长和孩子们是怎么说的：

家长："孩子，我们很抱歉忽略了你。"

小雨的父母两年前离婚了，小雨跟着爸爸过。爸爸本来就少言寡语，跟小雨的妈妈离婚以后更是话少得可怜，每天回到家就是沉默和吸烟。小雨有事也从不跟爸爸说。

从讲座回来后，爸爸破天荒地跟小雨促膝长谈了一次。他先是向小雨道了歉："这两年爸爸忽略了你。你正处于青春期，身体正在发育的时候，我却没有上过心。对不起啦，儿子！"小雨一下子哭了。在这样的单亲家庭中，他早已习惯了隐藏自己。精力太旺盛没处发泄他就拼命写日记。他还把日记上了锁，不想让爸爸看到，他觉得爸爸并不爱他，有时候甚至认为爸爸因为妈妈的离开而恨他。就这样，从一个有关青春期的话题，爸爸跟小雨互相打开了心门。小雨的爸爸后来专门跟老师道谢："多亏了这堂性教育课，让我了解了儿子，也鼓起了对生活的信心。"

孩子："谢谢你们，爸爸妈妈，你们终于跟我讲那些事了。"

在同龄的女孩中，卉卉的初潮来得比较早。当时她吓坏了，以为自己得了什么绝症，跑回家大哭。妈妈下班以后见到她这样，脸都红了，然后扔给她一袋卫生巾，简单说了句以后每个月都会来一次，就走出去让她自己把卫生巾换上。卫生巾的用法居然也是她自己研究出来的。她很无奈，不过也不知道如何表达，只好自己去找这方面的书或者上网学习。

从讲座回来的妈妈马上跟她道了歉，而且给她带回一套专门帮助女孩子安然度过生理期的书。卉卉很惊喜，搂住妈妈的脖子撒娇道："妈妈其实那些知识我自己都已经去了解过了。但是您知道吗？您这么主动地告诉我让我觉得您跟我的距离拉近了很多。以前您对我的态度让我难过。"妈妈也搂过卉卉，真诚地说："对不起，宝贝！"

家长们往往习惯按照自己的经验来教育孩子。由于时代的关系，上一辈人在青春期很少受到正规的性教育，家长们顺理成章地认为："我们那时候就是这么过来的，孩子也就不用特别教育。"这是父辈的老观点。可知现在的孩子发育得越来越早，往往心理还没有成熟到足以应付突如其来

认知篇

127

的生理变化，怎么还能用父辈的教育习惯来教育现如今的孩子们呢？

朝晖中学通过举办的这次讲座，成功地唤醒了家长们的性教育意识，使得家长们不再以自己的发育年龄来与孩子的相类比，不仅指导家长对孩子进行正确的技术指导，比如如何用卫生巾、月经期的饮食事项等，还将生理知识传播给了家长们，使他们能从知识的角度对孩子进行讲解，避免了尴尬；另外，这场讲座重点强调了对处于青春期的孩子的心理指导。青春期是性格形成的很重要的时期，如果能安全度过青春期，孩子的心态就会十分健康；反之，如果孩子在青春期遭遇心理问题而没有得到很好的疏解，在以后的成长道路上会走得困难重重。如此重要的心理指导恰恰是家长们最容易忽略的教育盲区，讲座在这一点上给家长们敲了一道长长的警钟。

通过朝晖中学的这一堂讲座，家长们也该明白：正确的性教育是必需的，让孩子认识自己的身体、了解科学的知识，从而培养对自身的爱，避免他因为无知而将与性有关的全部想象成肮脏的东西，使"性"成为你与孩子之间永远的隐晦话题。孩子只有了解了自己的身体，才能正确认识自己与异性的不同，才不会在这一方面表现出不礼貌的行为。

不妨就坐下来，跟你的孩子聊聊"性"这个话题，在帮孩子解决了问题的同时，你会发现你们的关系也近了很多。

❤ 写给父亲的一封信

在与孩子聊有关性的话题时要注意哪些方面，才能保证彼此既不尴尬又达到良好的效果呢？

1. 性知识不过是知识的一种。

首先要抱着这样一种心态，告诉孩子性知识是他在成长过程中必须要了解的一种知识，与其他的知识一样，而并不是异类，不应该对其讳莫如深。在学习性知识时，要摆正心态、坦然面对。家长要先学习足够的性知识，储备充足才能对孩子施以教育。

2. 教孩子学会保护自己。

教孩子不要裸露自己的生殖器官，并告诉他这不是因为那些部位可耻，而是要保护自己的隐私。教孩子不要让别人触碰自己的身体，同样地，也不要随意触摸别人的隐私处，这对别人来说也是一种尊重。

3. 与孩子自然地谈论"性"。

倘若你与孩子谈论"性"的话题时显得很不自然，孩子就自然而然地不能正确对待它。家长可以借助一些特定的时刻或某些"媒介"来作为谈论"性"的载体。比如，父亲带着5岁的小家伙一起洗澡，就可以借机对孩子进行一些教育，教他认识自己的身体。

4. 不逃避孩子的任何问题。

每位家长可能都听到过这样的问题："我是从哪里来的呀？"多少家长随意编瞎话搪塞过去甚至干脆不回答。孩子处于成长中，面对光怪陆离的大千世界，当然兴趣多多。家长应该意识到：当孩子提出这个问题时，正是教育孩子的好时机。面对孩子单纯清澈的眼神，家长们完全不必面红耳赤，不妨坦诚地回答孩子的问题，孩子反而容易自然地接受。

总之，在对孩子进行性教育这一方面，家庭教育占有不可取代的重要地位。家长在教育时不可逃避责任，也不可太专断。最好的方法是让孩子一起参与，以朋友聊天的方式来引导他慢慢学习有关性的知识，对自己的身体有个全面的了解以后，他就能坦然面对生活中出现的相关问题了。

 从名言中学教育：

前苏联著名教育家马卡连柯说过："我并不认为性教育应该有什么特殊的方法。性教育是纪律和生活制度的个别的部门。"因此，身为父亲的你，更不应该再避讳这个话题。请你现在就坐下来，跟你的孩子像朋友一样聊一聊"性"，避免他因为无知而好奇甚至犯错。

认知篇

27 让孩子去做一回关于五谷的小小考察

孩子们去参加夏令营，中巴在通往乡间的路上奔驰着。路开始颠簸起来，师傅不敢开快，于是孩子们正好可以欣赏窗外的风景。

一个孩子兴奋地尖叫起来："你们快看，那些麦苗绿油油的，多好看呀！"

司机师傅扭头往车外一看，摇摇头，笑了，这都 7 月份了，麦子早就被收割完了。孩子们看到的是一片韭菜。

这次夏令营的主题恰巧就是关于农村生活的。到了这次夏令营的驻地，由于是第一次来村里，孩子们兴奋地东瞅瞅西瞅瞅。带队的指导老师将他们召集到一起，指着特意从田里挖来的几盆植物问："孩子们知道这些都叫什么名字吗？"

孩子们唧唧喳喳了一阵，最后四十多个人竟无一人认全。有的把水稻当成了蒜苗，有的直接把韭菜认成了杂草……

原本常见的农作物，在城里的学生眼里像是稀土矿。古话里说的"四体不勤、五谷不分"，成了如今孩子们的真实写照。仔细一想，"五谷不分"到底是谁的错呢？孩子们平时根本见不到农作物，这些农作物经过道道工序，到了他们手中已经变成了面包、汉堡、米饭，甚至爆米花。孩子们也没见过活生生的猪、牛、羊，猪八戒、大角牛、喜羊羊倒是见过不少，猪肉、牛肉、羊肉也吃过不少。很多孩子听说西瓜是从地里长出来的，十分惊讶，跟妈妈说："我以为是工人师傅在工厂里制造出来的。"

"五谷不分"的孩子是怎么炼成的

现实生活中，"五谷不分"的孩子并不少见，而且家长们还在继续培养。认识五谷家禽真的有那么难吗？其实只要去农村转一圈就可以了解个大概。那就奇怪了，"五谷不分"的孩子是怎么炼成的呢？

其实，孩子们并不是不想去了解五谷、了解自然，他们的求知欲一开始都是比较高的，但在生活中孩子们并没有机会去接触这些活生生的植物或者动物。除了学校就是家，孩子们过的是两点一线的生活，甚至到了暑假、寒假想要去郊外游玩、开开眼界都是很难的。因为他们有太多的补习班要去上、太多的培训课要去听。在家长和老师眼里，分数是孩子的命根，因此孩子的一切行动都要围绕分数来，有一点时间都要用来补习功课。结果就是，拿到数学奥赛一等奖的孩子分不清韭菜和麦苗，生物课成绩全市第一的孩子不知道香蕉是结在树上的还是长在地上的。

家长给的≠孩子真正想要的

家长们不妨替自己的孩子设想一下：当他长大以后，再回首童年时，会感觉到多少快乐的成分？是不是由于沉重的学习负担，他感觉到的只有痛苦？双百的成绩单因为少了童真欢笑的映衬而显得单薄易碎，对他来说不过是一种悲哀的悼念。

孩子的生日要到了，你觉得他真的很喜欢你每年都送他的大熊玩具吗，真的很喜欢那一堆零食、一身新衣和一家人热闹一晚的聚会？为什么不弯下腰问问他："想不想痛痛快快玩一次，想不想去郊外拥抱大自然？"也许孩子的要求并不高，因为他们并不懂得用金钱来衡量自己的快乐。很多父母都忘了，孩子要的那种快乐才是真正的快乐。有时候你花了100块钱都没买到他一个笑脸，而其实他可能只是想要亲眼见一见公鸡长成什么样子。当孩子问你麦苗为什么要以雪为被时，不如直接带他去一趟乡间，由他自己搞一个小小的调查，解决自己的问题，发现大自然的奥妙。

要记住，孩子的求知欲旺盛着呢，他们想要搞清楚为什么公鸡负责打鸣而母鸡负责生蛋，为什么北方的麦子过了一个冬天却没有被冻死，为什么天空和海水都是蓝色的。他们的脑袋里装着十万个"为什么"，作为家长，我们千万不可拒绝回答他们，只是整天无止境地扔给他们成打的练习题，在他们耳边唠叨"一定要考上重点初中、重点高中、名牌大学"。眼看着孩子的眼镜度数越来越高，目光越来越不灵活，难道你就不心疼吗？最好的家长不是给孩子千万财富，而是给孩子他真正想要的东西，比如一个知识，比如一次旅行，比如一句忠告。

写给父亲的一封信

面对孩子的"五谷不分"，家长要先发现自己的教育方式的疏漏。压抑孩子的探索精神是不可取的。好问问题的孩子不一定成绩差，死读书的孩子更不一定成绩好。孩子的求知欲，只能鼓励，不可忽略或者压抑。在这方面，还是有方法可循的。

1. 创造良好的环境和氛围。

良好的环境可以激发孩子的求知欲。假如孩子真的"五谷不分"，就为他创造一个鼓励他去探索的家庭环境。如果孩子喜欢问关于星星的问题，就在家里为他添置一架望远镜，孩子自然就会常常观察星空，发现各个星系的不同，了解真实的天文；如果孩子对化学感兴趣，就为他设置一个实验角，在那个角落里，孩子可以体会到一种做小小科学家的感觉，自然就会常常去做实验，验证自己的各种理论；如果孩子对文化感兴趣，家长就要为他准备各类书籍，他自然就会常常翻看，以丰富自己的认识。

除了良好的家庭环境以外，家长还要为孩子创造良好的鼓励的氛围，这是更重要的一层因素。家长本身先要有民主的精神，不应强迫孩子以学习为重心，而是注重培养孩子的综合素质，鼓励他多多去探索自己认识世界以外的知识。

2. 鼓励孩子提问题。

孩子们的问题总是很多，特别是在他们刚刚接触外界的时候，简直就像一架问题机器。家长们一开始的时候往往觉得孩子问的问题很可爱，还可以耐心地回答，但久而久之，很多家长就开始表现出厌烦了，因为问题实在是太多了，而且常常刚刚给他解释过的又拿出来问，难免让人觉得他是不是在搞恶作剧。

这里要给家长们敲个警钟了，千万不可将成年人的思维套用到孩子们身上。他们是单纯无邪的，他们提问题就是真的想知道答案。请不要忽略孩子的问题，或者随便编个答案搪塞她。在孩子还不懂什么叫"不相信"时，是无比信任家长的，但一旦发现家长在欺骗他，会受到很大的心理打击，难以再次培养起信任感。相反，如果你对孩子提问题抱持的是鼓励的态度，那么当他在上一个问题得到满足之后就会很开心并且继续发现新的问题，求知的欲望被越烘托越旺盛。

3. 参与孩子的探索行动。

让孩子去做个关于五谷的调查也好，去参加一回"认知"夏令营也好，哪怕只是去郊外看看风景也好，有可能的话，不妨你都一起参与，在参与中可以指导孩子，激发其新的求知欲望。在孩子的探索行动中，让孩子充分运用已有的知识，比如在野外如何取得火种，将捕获的鱼虾做成熟食以充饥。孩子可能已经知道了钻木取火的道理，但实施起来并不是那么容易的，这之中还会遇到很多其他的困难，家长正可以借机给孩子补充新的知识。

参与孩子的探索行动，便于随时给他帮助和鼓励，使他对自己充满信心，在探索"世界"时充满勇气和力量。

总之，当孩子提出问题或者对日常事物表现出"无知"时，要鼓励他大胆去探索，自己去解决疑问。只有自己探索出来的真理才记得最牢固。在孩子们眼中，"见多识广"的同龄人往往是令人钦佩的。你的孩子能否成为让他的朋友们钦佩的对象，则要看你对他的求知欲所表现出的态度了。

 从名言中学教育：

前苏联大教育家苏霍姆林斯基在《我把心给了孩子们》中说："我向全体教师建议：请你们珍惜孩子的好奇心、求知欲和渴求知识的火花。"作为孩子的第一任老师，这种珍惜显得尤为重要。请你鼓励孩子去做一次关于五谷的调查，鼓励他走出书海，跟大自然来个热情的拥抱。

28 带孩子去听一场音乐会

音乐不分种族，不需翻译而为全人类所共通。音乐对孩子的成长会起到积极的作用。音乐可以陶冶孩子的情操，安抚孩子的情绪，培养孩子良好的品格，提升孩子的艺术修养。很多家长虽然都认识到了音乐的这些作用，但却常常不知道应该给孩子听哪种类型的音乐。

傲歌的爸爸是个业余歌手，深知音乐在孩子成长中的重要作用，也很希望将来女儿或者儿子能够继承他的音乐细胞，当一个专业的歌手。当傲歌还在妈妈肚子里的时候，他就常常给妈妈放胎教音乐听。

傲歌的家庭并不是特别富裕，但他一出生，爸爸就张罗着买来了大到钢琴、小到唢呐的各种中西式的乐器。他觉得，只要孩子生活在一个充满了音符的环境中，自然而然就会喜欢上音乐。而这些乐器，无论以后傲歌对哪一件产生兴趣都可以。

傲歌刚一开始说话，爸爸就开始教他唱歌，还是美声唱法。邻居们都觉得傲歌的爸爸是一个"音乐狂人"。家里人也觉得爸爸的做法有些过了，但想到他一片期望、用心良苦，也不忍心驳了他的心意，看到傲歌也乐此不疲地配合爸爸，也就由着他们父子俩。

谁知道，好景不长，4岁左右的时候，傲歌对待音乐的态度渐渐起了变化。虽然爸爸还是一如既往地用心，但可以明显地看出，傲歌开始表现出了厌烦。

他开始不愿意一天花几个小时用来弹钢琴，不愿意每天早晨随爸爸一起"依依呀呀"地开嗓子，甚至爸爸给他报的音乐班也不想去听了。不仅如此，大家还发现傲歌似乎突然对生活中的其他事情也都提不起兴趣来。爸爸一下子不知所措起来。一家人脸上都布满了愁云。

对孩子的音乐教育应该注意些什么吗？像傲歌的爸爸一样的"早"

教是不是太操之过急了呢？据专家解释，操之过急，过犹不及。对孩子的音乐教育不可过早，而且孩子在不同的年龄阶段，所接触的音乐类型也应该有所不同。

孩子4岁之前，并不能了解音乐的内容，也分辨不出摇滚和轻音乐的区别，只是知道自己接受的是不同的，但他的脑袋中没有任何概念。在这个时候，可以帮孩子做一些听音乐的前期准备，放一些适合孩子年龄段的曲子供孩子欣赏。可以配合孩子的一日活动，放送不同曲风、不同节奏的曲子，培养孩子的乐感；也可以用音乐代替母亲的手来抚慰孩子，比如，在孩子情绪低落时，放一些节奏轻快的音乐，调动起孩子的积极情绪；在孩子情绪激动时，放一些舒缓、平稳的音乐，安慰孩子的心。

4岁以后，是陶冶孩子音乐情操的关键时候，可以带孩子去听音乐会了。在如今的社会生活中，音乐市场化现象严重，市场上各类音乐作品鱼龙混杂，孩子会被动地接触到很多音乐信息，但并不都是良性信息。因此，家长要利用音乐会等积极的形式对孩子的音乐鉴赏力加以引导或纠正，以免影响孩子的艺术鉴赏力。在4岁之前做的那些，都是为了这时候去听音乐会做准备的。音乐会上的音乐作品种类丰富多样，音乐情绪变化万千，孩子在这个年纪，再加上之前的一些音乐熏陶，就可以跟随家长的引导来体味这些"经典"所包含的寓意了。

一、用"经典"培养孩子的高级品位。

音乐欣赏不能仅仅被用作娱乐和放松身心，对于孩子来说，它更是一种陶冶情操的工具。要使孩子从小就具备高级的品位，听一场高雅的音乐会是个好方法。

有一个孩子，自幼喜欢绘画，父亲也倾力培养他。他的父亲十分注重细节，对孩子的每一个笔法、每一处着色都悉心指点，但从不要求孩子全面的审美能力。天长日久，孩子对绘画技法了如指掌，父亲甚得意，带他去拜访一位大师。大师将自己收藏的画作拿出与之鉴赏，谁知孩子竟一脸茫然，一句话也点评不出。大师惊讶地请他谈谈自己的喜好，他拿出一些品位低俗的画，当做宝贝一样地呈现在大师面前。

135

大师失望至极。没有高超的鉴赏能力，这个孩子最终也没有成为梦想的画家，而是成为了一名普普通通的油漆匠。品位的缺失使他换了一个人生。

其实，音乐也是一门艺术，也需要高超的鉴赏力。而音乐鉴赏力的培养有利于形成孩子高级的品位，从而成长为一位不必出口自有风度的优雅人士。

二、用"经典"培养孩子高雅的情操。

音乐本身就是一种美，音乐教育就是美育，培养的是孩子高雅的情操。在音乐会上，听者会随着音乐的引导，进入一种唯美的境界。经典音乐作品的"绝招"就是以声动人、以情感人。音乐会上的经典作品，还有周围听众的装束和表现都会使孩子感觉自己置身在一个"高级"的场所，会使孩子自然而然地严苛要求自己，表现得像一个绅士或者淑女。

好的音乐能够引人浮想联翩，有了与音乐情境相关的幻想，从而使人对音乐产生更多的思想共鸣，受到更大的艺术熏陶，因此对于培养人的高雅情操是很有效果的。

带孩子去听音乐会，给他一个想象的空间，培养起孩子高雅的情操。

三、用"经典"培养孩子智慧的头脑。

经典音乐并不是只有大师才欣赏得了，当然，不可否认的是，欣赏经典音乐比单纯的听音乐要动用更多的心智，这恰恰能够在智力发展上给孩子提供一种锻炼。在欣赏经典音乐时，孩子会渐渐学会去感觉各种音乐元素，比如节奏、音色、音调等，通过对这些的综合理解，去建立自己对某个音乐作品的整体印象。可以说，音乐欣赏是一种能力，也是一种智慧，是需要长期锻炼的。

四、用"经典"还孩子一个童年。

孩子都是喜欢做梦的，在欣赏经典音乐作品时，让孩子跟随音乐去尽情地想象，创造出一个只属于他的独特的音乐世界。比如《玩具兵进行曲》，就是一部很适合孩子欣赏的经典音乐作品，在欣赏这部曲子时，引导孩子去想象：玩具大兵活了，纷纷从箱子里爬出来，大踏步走到街上，迈着正步，唱着嘹亮的军歌。行进累了时，他们还互相嬉笑打闹，开心极了。后来，小主人醒了，他们又慌张地爬回箱子，像小主人睡前一样。《玩具兵进行曲》的调子诙谐而有趣，十分符合做这样的联想。欣赏这样的音乐，既陶冶了情操，又使儿童觉得充满了乐趣。

 ## 写给父亲的一封信

带孩子去听音乐会一是耗费太高，二是孩子要到一定年龄才可以接受和理解高雅音乐，因此，平时在给孩子欣赏音乐时，父亲们只要注意以下几点，也是可以收到良好效果的。

1. 挑选适合孩子的歌曲。

如果只是给孩子听通俗音乐，那可以根据孩子的心理，选择音乐形象鲜明生动、音乐曲调轻快简单的作品，或者干脆用音乐来给孩子塑造出一个童话世界，让他知道音乐里有会叫的小狗、会说话的小猫，乃至会唱歌的小花小草。听这样的音乐，孩子更容易接受，也就更容易培养起对音乐欣赏的兴趣。

2. 引导孩子参与音乐。

引导孩子参与音乐，这话听起来可能有些难以理解，其实说白了就是家长按照不同的曲子设计出真实的情境，然后让孩子参与"演出"，比如让孩子为歌曲《找朋友》设计一个舞蹈，或者让他表演某个大型音乐作品中的一个小的音乐形象。家长可以与孩子一起参与到音乐表演里边，帮助孩子感受音乐的魅力。

3. 送孩子进特长班要摒除功利心态。

家长送孩子进特长班学习音乐，之前要做好心理准备——只是为了帮助孩子快乐成长。只要孩子在学习音乐的过程中感受到了快乐，那么就是达到了目的，千万不可再去查看孩子学习的成效如何、送他去考级、参加各种功利性的比赛（除非孩子主动要求报名）。家长送孩子参加特长班一旦带有功利性，抱着想要培养出个音乐艺术家的心态，结果往往"赔了夫人又折兵"，一是达不到自己的目的，二是容易导致孩子对音乐失去原有的兴趣。

★ 从名言中学教育：

苏联教育学家苏霍姆林斯基曾说过："音乐教育并不是音乐家的教育，而首先是人的教育。"陪孩子去听一场音乐会，首先是教他做人的一种方式。如果抱着"培养一个音乐神童"的心态，就背离了真正的价值了。

29 带孩子去参观一次博物馆

很多家长担心，孩子学习历史知识似乎只能通过书本，枯燥无味，孩子根本提不起兴趣学。很多孩子七八岁了，还对历史常识一窍不通。

不用担心，历史不是有活生生的拷贝吗？何不带孩子去走一趟，长长见识。博物馆种类繁多，除了综合性的历史博物馆外，还有很多比如科技博物馆、海洋博物馆、邮电博物馆等专业的博物馆，如果能带孩子转个遍，一定能使他对历史有个感性直接的了解，再也不用担心他面对历史丝毫提不起兴趣了。

然而，很多家长并不知道这一点，他们放假习惯领着孩子游山玩水，花多少钱也不心疼，却总也想不起带孩子去那些免费参观的博物馆转转。他们认为，博物馆里展览的不过是一些死气沉沉的图片和标本，没什么意思，小孩子不会喜欢；也有的家长认为，博物馆是针对成人受众的，小孩子根本看不懂，看了也是白看，耽误时间。

岂不知，博物馆与山水风景对孩子来说完全不是一个概念，谁都替代不了谁。参观博物馆要的不是让孩子全部弄懂历史，而是对他进行一种文化启蒙教育，使他受到熏陶，从而培养起学习的兴趣。

在历史博物馆的二号展厅里，陈列的都是古代人的画作，小志正跟爸爸一起一幅一幅地欣赏。小志指着一幅画说："这上面的小房子就是古代的民居吗？"爸爸说："对，这是古代北方人的民居。这幅画作虽然已找不到作者，没什么名气，但是它给我们展示了活生生的古代生活，从历史记录的意义上来说是十分重要的。"

说起今年来参观博物馆的计划，这可是经过爸爸妈妈认真分析、周密安排的。小志一放暑假就跟爸爸妈妈商量，班上有好多同学都要趁着假期去旅游，希望爸爸妈妈也带自己去。但是爸爸妈妈都很忙，小志放暑假，他们可不放呀！怎么办呢？游览祖国的大好河山固然很好，但如果没有条件，那么在零散的周末时间带孩子去参观历史博物馆也是不错的想法。爸爸为自己的想法而激动。正愁着儿子对历史不感兴趣，嫌历史学起来枯燥无味呢！他与妈妈一拍即合，于是每到周末，爸爸妈妈就带小志去市里的各大博物馆走走。

小志对军事十分着迷，做梦都想着以后变成大将军，指挥千军万马驰骋沙场。因此爸爸妈妈首先带他去了军事博物馆。看着各种各样的军事文物，想象着老一辈的军事革命家的光辉事迹，小志既长了知识又增了激情，在军事博物馆里流连忘返。当看到各种先进的飞机、大炮、导弹模型时，小志的梦想天空变得更广阔了。

第二次，爸爸妈妈带小志去了中国革命和中国历史博物馆，带领小志游历于各个朝代，向他介绍各朝代的名人志士。小志将所见到的与自己学过的知识结合起来，对中国历史有了更直观的了解。

第三次，一家人去了北京自然博物馆。在这里，小志了解到了人类的起源、大自然的进化、环境的演变。看着那些巨大的恐龙骨架化石，小志震惊得张大了嘴巴。他只在课本上学到过中古时代恐龙的存在，没想到体型居然这么庞大，由此他也明白了"适者生存"的道理。随着地球环境的变化，恐龙难以获得足够的食物来维持它庞大的所需要的大量营养，因此慢慢就灭绝了。从自然博物馆里出来，小志情不自禁地感慨，这几周的博物馆之行让他大长见识，这个假期过得分外有意义。

吸引青少年参观博物馆早已引起了世人的关注。从 1977 年开始，国际博物馆协会就把每年的 5 月 18 日定为"国家博物馆日"，至今已经纪念了 30 多年。其中第三十年的国际博物馆日的主题就是"博物馆与青少年"。

博物馆与青少年，听上去似乎一个久远一个现代，无从联系。在人们的印象中，每个藏品下配有一段长而深邃的解说词，静静地等着有人前来观赏，有种只可远观而不可亵玩之感。但现在博物馆为了面向大众，也开始走"时尚"之路了。馆内的陈列品开始活动起来，与人亲近多了。

已经有越来越多的人选择在国家法定节假日带孩子到博物馆了解历史的故事、感受古迹的脉搏。很多博物馆里都能看到稚嫩的孩子，跟着爸爸妈妈一路稚气地问这问那。也许他还不懂那些古迹的意义，不明白古人的生活，不了解古代的历史，但这些孩童时期的所见所闻会种在他的心里，埋下探索的种子，在他长大的某一天生根、发芽、开花、结果。

写给父亲的一封信

带孩子去参观博物馆对很多家长来说是个新鲜的提议。他们从没想过要这么度过一个假期，因此对于其中的注意事项也不甚了解，我们来提供几点建议。

1. 选择合适的博物馆。

博物馆的种类有太多，不是每一处都适合你的孩子，同时，在孩子不同的年龄段上，也有不同的适合他的博物馆可选。比如，孩子才上幼儿园小班，最适合他的博物馆莫过于儿童博物馆了；当孩子长大一些，到了培养爱好和审美的时候了，那么可以常带孩子去美术博物馆和自然博物馆；等孩子上了小学五六年级以后，能够理解一些比较深奥和抽象的内容了，就可以带他去历史博物馆和地理博物馆了，让他去那里了解历史和人文地理，丰富自己的内涵和知识。

2. 做好参观前的准备。

参观博物馆前要有一个具体的计划，这个计划可以与孩子商量制订。计划可以包括参观多长时间、参观哪些展厅，在哪个展厅可以多做一些逗留。博物馆一般都规模较大，对于体力较弱的孩子来说，一次全部参观完成是很累的，那么可以分成几次参观，也可以只挑孩子感兴趣的和家长认为重要的参观。在出发前，家长要多做了解，知道哪些展厅在哪个时间段人流量比较大，这样就可以避开高峰期，避免孩子因为外界的因素而影响了参观兴趣。计划要根据情况灵活执行。如果中途孩子不想再参观了，也不可硬逼迫孩子继续，可以先离开，慢慢培养孩子的兴趣。

3. 规矩先行。

博物馆一般都有很多参观要求，比如不可以拍照、不可以大声喧哗，等等。家长要先将这些规矩讲给孩子，并告诉他不守规矩的后果。这样孩子在参观博物馆时就能做到文明参观。当然，在参观过程中，孩子与家长的交流是必不可少的。孩子碰到搞不明白的东西就要仰起头问家长，这说明孩子急切地想要得到问题的答案，是好事，不要呵斥孩子。只要告诉孩子问问题的声音不要太大，不要影响别人参观就可以了。

 从名言中学教育：

中国近代民族英雄吉鸿昌说："路是脚踏出来的，历史是人写出来的。人的每一步行动都在书写自己的历史。"而我们的孩子，对历史所知却甚少，在我们有着五千年文明的伟大的祖国，这是多么可悲的事。因此，带你的孩子去参观一下博物馆吧，让他从历史中吸取智慧、从历史中咀嚼中国魂。

30

和孩子一起拜一个老师学一门技艺

菲菲一回到家就把大提琴摔在了地上，撅着嘴不说话。妈妈忙问她怎么了。菲菲说："老师讲得太快了，我根本听不懂，给我们的练习时间又少，没等我学会就下课了。"看到女儿对学琴这么上心，妈妈很高兴，于是赶紧招呼爸爸过来教菲菲。

爸爸小时候学过一段大提琴，手艺还不错，到现在还算比较娴熟，就拿过大提琴手把手地教起了女儿。有了专门的"老师"指导，女儿学得很快。学完这一节课程，菲菲感慨地说："如果爸爸能一直陪我学大提琴就好了！"

一句话仿佛点醒了爸爸，总是埋怨女儿不愿意学习，原来家长陪着对她能起到这么大的作用。爸爸暗暗下定决心，陪着女儿走走这条艺术路。

儿童学艺，如今已经成为家家户户共同的育儿方针。但是你可曾想过，你花费不菲地送孩子去学习钢琴，但孩子由于心理年龄的原因，单凭在课堂上学那么几十分钟，其实并不能完全接受和理解所学到的东西。即使孩子本身具备音乐天赋，也可能会由于无法理解教师的授课，而削减了积极性，导致学艺之路半途而废。

很多艺术名家背后往往都有一个具有良好艺术传统的家庭，这种现象不是偶然的。当然，不是每个家庭都有艺术传统，不是每个孩子都有一双精通曲艺、擅长书画的父母，但这一点足以说明：假如家长有条件，能够在孩子早期的学艺之路上与孩子并行一段，对孩子进行直接的帮助，能够大大提高孩子学习的效率。哪怕家长没有足够的时间与孩子共同学习，那么仅仅是与老师多多交流，搞好配合，在课余尽力辅导孩子，也等于是在助推孩子的成长。父母的手与老师的手一同用力，孩子才能加快前进的速度。

日本著名的小提琴教育家铃木就曾发表观点：在送孩子去学习乐器

认
知
篇

时，父母最好也能有一人一同学习，哪怕只是学习一些皮毛，比如会弹奏一两首简单的曲子，闲时能与孩子一同演奏，这对激发孩子学习乐器的兴趣是大有用处的。父母与孩子一起拜师学艺，不仅能激发和维持孩子学习的兴趣，对孩子学习的质量和水平也大有帮助。

家长与孩子一同学艺，其实是各具优势的。家长的理解力与感悟力显然比孩子要强得多；而孩子由于是白纸一张，在接受新鲜事物上比较容易。这样，一起学习时，家长就可以利用自己的优势去帮助孩子。为孩子讲解他不懂的地方，配合老师的授课。

但是，很多家长在指导孩子的学习时却往往只顾自己的主观感受，凭着自己的感觉来对孩子随意指点。我国著名美术教育家杨永青老师曾讲过这样一个小故事，听来发人深省。

一位妈妈送孩子去学美术，自己顺便也听听课。第一堂课上，老师要求孩子们随意画一幅画。这位妈妈看到自己孩子的画上是：一个人正驾船在海上飘荡，天空下着大雨，雨点之上是大朵大朵的乌云，但乌云之上居然还有太阳，在艳阳的不远处是几颗闪烁的星星。妈妈生气地扯过孩子的画，大声斥责他："你瞧你画的是什么东西?! 画啥啥不像不说，你告诉我怎么可能下雨天有大太阳？白天又怎么能看到星星？"孩子来不及说什么，委屈地哭了。

这时老师却拿过孩子的画饶有兴趣地看了起来。他请孩子为大家讲解一下这幅画的用意。孩子站起来，大大方方地说："我这幅画画的是一个故事。一位渔夫要到海上去打鱼，出门的时候还是艳阳高照，船漂着漂着突然来了几团大乌云，过了一会儿，雨点儿就噼里啪啦地打下来了。这位渔夫再往前走就要天黑了，所以我在他前进方向的前方画上了星星。"老师带头鼓起了掌，并鼓励孩子："你的故事很好，你的画也画得很好，形象地表现了你的故事。你有着最棒的想象力与创造精神。所以，别哭了，我相信听完你的故事，妈妈也明白你的画的含义了。"

听完老师的话，这位妈妈惭愧地低下了头。

这个故事告诉我们，在指导孩子的课外学习时，要照顾孩子的童心。多从孩子身上发现他的闪光点，多加鼓励和表扬。不可以拿自己的观念和标准去要求孩子，这样做反而是违反了儿童艺术教育的规律，不利于孩子的成长。

 ## 写给父亲的一封信

合理引导孩子学艺，家长要注意以下几点：

1. 运用正确的方法，注重基本功的训练。

运用正确的方法包括两个方面的要求，一是家长在陪同孩子学艺时，自己先要运用正确的方法。如果自己都不能准确理解老师所教授的东西，又如何指导孩子呢？二是要家长在指导孩子时运用正确的方法，如果家长理解老师的授课完全没有问题，但在教育孩子时却方法失当，又有何用呢？

艺术学习十分注重基本功的扎实性，对孩子以后的专业发展影响很大。但处于低龄期的孩子，难以坚持枯燥的基本功练习。这就要求家长在陪同学习的过程中，多鼓励孩子或者与孩子一起训练基本功。家长的耐心一定能够换来成效。

2. 引导孩子跨越难点。

在孩子的学习过程中肯定会不断遇到难点，不断出现暂时翻不过去的山，这时就需要家长的鼓励和支持了。借钢琴学习来说，有些孩子对难点存有"敌意"，碰到难弹的曲子就想"绕行"，只愿意一遍一遍地重复练习自己已经熟悉的、旋律简单的曲子。虽说这样的练习有助于增长孩子学习的信心，但长期下去，会使孩子在学习上变得懒惰。当孩子遇到难点时，家长要引导孩子不要放弃，一遍一遍地努力攻坚。俗话说："熟能生巧。"只要孩子肯练习，再难的难点也难不住他。

3. 合理安排学习时间，养成良好学习习惯。

家长要与孩子一起制定合理的学习时间，保证既不会影响孩子的正常学习，又不致疏漏了课外的学习。比如学琴的孩子，家长可以与他商量好一天的哪一段时间用来练琴。俗话说："拳不离手，曲不离口。"在孩子学习时，千万不可"三天打鱼，两天晒网"。

孩子的主要任务是文化课的学习，课余学习的时间就很少。因此家长要教育孩子珍惜每天一两个小时的学艺时间。在练琴的时间里，只要孩子能聚精会神、专心练习，效率提高了，也就能省出更多的自由时间。

4. 激发孩子的学习兴趣。

俗话说："兴趣是最好的老师。"只要孩子对学习感兴趣，不怕他学不到真本事。很多家长对孩子都是采取管教型的指导，使得孩子对本来颇有天赋的学习失去了兴趣，从而也就难以继续下去。

家长要做的是最大限度地激发孩子学习的兴趣和热情，有了兴趣和热情引领孩子，家长的工作可谓事半功倍。激发孩子兴趣的做法有很多种。比如，想要送孩子去学习绘画，那么不妨多带他去参观一下画展之类的，有条件的话还可以拜访一下当地的名师大家，这样，孩子的心里就会种下一颗"当大画家"的梦想的种子。或者，鼓励孩子多在众人前展示现有的技艺，众人的热捧和夸赞会给孩子以极大的信心，从而刺激他要去学习更多的相关知识。

 从名言中学教育：

英国学者塞·约翰逊说："艺术的敌人就是不学无术。"陪孩子跟着同一个老师学一门技艺，不仅让孩子长了知识，更拉近了家长与孩子的距离，这不正是一举两得的好事吗？

31

带孩子一起去郊游

生活在高楼林立的城市里，人们与大自然的距离似乎越来越远。然而，你真的希望自己的孩子十几岁时还没见识过大自然真正的模样吗？人们总是呼吁着要"环保"，要"从娃娃抓起"，却不知道要让孩子懂得保护地球，首先要让他们认识地球，认识真正的大自然。

在世界著名的教育家苏霍姆林斯基的理论中，大自然对学生是极为重要的，认识自然是一门必修的功课。他将大自然称为"思维课"，并常常带着自己的学生到大自然中去上课。在某篇教育论著中，他对大自然这门"思维课"是这样表述的："我带着孩子们来到一片秋天的果园里。这是一个初秋的晴朗日子，阳光明媚，温暖着大地，也静静地照耀着苹果树、梨树、樱桃树等各种果树的树叶，使它们看起来像披着盛装。我开始给孩子们上课，给他们讲解金色的秋天，讲过了这个金黄色的季节后自然界中的生物如何度过又长又冷的冬天，又讲到了树木、成熟后落地的种子、留在当地过冬的鸟类和昆虫……"

这是怎样的一幅画面，我们从中看到了人与自然的和谐，看到了人观察自然、倾听自然，而不是破坏自然、践踏自然。这才是孩子真正应该上的课，是人类都应该学习的课程。

如今的父母关心孩子关心得急切，孩子四五岁上就被送去学琴学舞，小小的孩子手脚都是老茧，家长却觉得这是在为将来的美好生活打基础。但是有没有人觉得，特长班里的孩子一个个看起来都没有精神？孩子们周一到周五上文化课，周六、周日上特长班，一年 365 天几乎天天都有课，这样大的压力下，孩子有精神才怪。

家长们都忘了，孩子的本性活泼好动，高压像是缰绳，将他束缚住了手脚。人类本来就是离不开大自然的。高压束缚只会使孩子对学习产生厌烦。

强飞的爸爸在家长会上讲起了自己的"育儿经"，博得了大家的一致好评。大家一致夸说怪不得强飞聪明活泼，强飞害羞地把头埋进了课桌里。

从强飞3岁开始，强飞的爸爸几乎每个休息日都带他出去游玩，有时候去自然博物馆，有时候去公园，或者干脆去郊区、建筑工地或者林场。春天是郊游的好时候，夏天的海滩浴场风光旖旎，秋天落叶一片一片地飘在父子俩头上，冬天回到千里冰封万里雪飘的北国老家一起打雪仗……

爸爸说，强飞的观察能力很强，他能拿着一片树叶看上半个多小时也不嫌腻。他不断地学着知识，丰富自己。有一天，强飞居然主动要求爸爸送他去学美术，因为他想把秋天画下来。他真的去了美术特长班，上了几天课，老师夸奖孩子很有天分，观察事物细致入微，笔法也精细，是个可造之材。

这条"育儿经"告诉我们，大自然对孩子来说是极其重要的。多带孩子去大自然中郊游，体味大自然的美和智慧，有助于孩子的健康成长。

写给父亲的一封信

带孩子认识自然的方法有很多，郊游是其中之一。另外，还有一些别的办法可以帮助父母引导孩子认识自然、接触自然。

1. 教他辨别季节的变化。

你的孩子能明确地分辨出春夏秋冬么？你知道什么时候该脱下厚厚的冬天，换上春装去踏青吗？他知道哪些花开在春天，哪些花在夏天怒放吗？

带孩子去观察季节的变化，培养孩子的季节感，由此让他对大自然周期性的变化形成基本的认识。告诉孩子大自然产生周期性变化的原因，以此来促使他自觉地对各种事物进行联系，从而更多地了解和认识大自然。这实际上也是一种对孩子逻辑思维能力的锻炼。

建议家长在换季的时候不要怕孩子感冒而将他圈在家里了。换季的时候正好是教孩子认识大自然的好时机，不妨就让孩子到大自然中去，观察

148

季节悄然的变化，收集与当前季节相关的大自然的礼物。比如，到了春天，让孩子去看看融化的池塘和飘飞的柳絮，告诉他天气变暖了，农民伯伯要播种了；到了秋天，让他去捡一片落叶做成标本，有机会的话还可以带他去郊区看一看庄稼丰收的景象；或者在春分、夏至、秋分、冬至四个节气左右带他去同一处地方，每次都让他记录所见到的景象。一年下来，通过鲜明的对比，他就会了解原来四季是这样变化的。

2. 让他亲手栽培一株植物。

看到植物总会好奇地问这问那，这是孩子的共性。"这棵小树会长得比我还要高吗？""这朵花好漂亮，它叫什么名字？""家里的昙花为什么总也没见它开过？"不要嫌孩子问题太多而烦躁不安，这是孩子对植物充满好奇的表现，不信如果你告诉他昙花好多年才开一次，一次只开几秒钟，而且一般会在夜里开，他可能会为了等待花开而兴奋地守上一整夜。有好奇心说明孩子有求知欲。如果因为你不耐烦地打断而压抑了孩子的求知欲，那就得不偿失了。

最明智的做法就是充分提供给孩子他想要了解的信息。最好让他亲手栽培一株小型植物，比如一盆吊兰啦、一株海棠啦、一棵文竹啦。当然像仙人掌、仙人球之类有危险的植物就不要让孩子养了，免得不小心伤到孩子。家里有条件的话，最好是在室外开辟一点空间，让孩子种几株向日葵之类的植物，从播种到收获都请孩子亲自动手。播种时，教孩子留意气候条件，观察种子的形状；植物成长过程中，提醒孩子记得常常给幼苗浇水、除草，呵护它的成长；到了秋天收获时，告诉孩子这是大自然的回报，请他将自己的劳动果实与家里人一同分享。

3. 送他一只"宠物"。

让孩子饲养一只小动物，他自然就会慢慢了解它的生活习性，观察它的生长变化，对动物产生更具体直观的认识，这对孩子的知识结构来说是一种完善和补充。人类也是一种动物，动物是自然界的主宰，动物对于我们来说，是很重要的共同生存的伙伴。而且，食物链上哪一个环节都不可缺少。

让孩子了解动物，是了解自然的一个步骤。建议让孩子养一些小狗、小猫、小鸡、金鱼等比较好养又比较省心的动物。让孩子体会生命在他的

149

喂养下成长的奇异感觉。鼓励孩子跟你讲一下他与他的"宠物"的故事。这样的"宠物"对孩子的成长来说要比布娃娃和变形金刚实用得多。

 从名言中学教育:

　　我国著名教育家陶行知先生曾说过:"我们要解放小孩子的空间,让他们去接触大自然中的花草、树木、青山、绿水、日月、星辰……"既然大自然对孩子的成长如此重要,那何不带他去野外郊游,让他用自己的眼睛去观察自然、吸取知识。

32 让孩子去参加一回消防演习

"着火了！着火了！"幼儿园教学楼三楼的一个窗口正往外吐着黑烟。东东在消防队叔叔的安排下，半蹲着，拿湿毛巾捂着口鼻，跟着小朋友们一起往安全地带撤离。看着孩子们紧张但有序的撤离动作，围观的家长们爆发出一阵叫好声。整个幼儿园教学楼在五分钟内全部撤空，没有一个孩子被落在火场里。

没错，这是一次消防演习，东东的爸爸就在人群中观看。这次演习还是他建议东东的幼儿园开展的呢！经历过汶川大地震的浩劫，即使不在震区，人们一想起那些惨不忍睹的场面还是心惊胆战。可恶的大地震带走了多少孩子。

东东的爸爸就向东东所在的幼儿园提出建议，要求他们也搞一次演习，训练孩子们在遇到危险时能安全、迅速地疏散。巧的是，东东的爸爸与幼儿园园长不谋而合。幼儿园正在准备请市里的消防队来为他们上一堂消防实战课呢！

失火与地震，一个为人祸，一个属天灾，但给人民群众的生命财产带来的危害是同样的。这次消防演习办得很成功，增强了孩子们的消防安全意识，也提高了他们逃生自救的实际能力。

家长的保护再周全，孩子也不是绝对安全的。在孩子的身边存在着各种各样潜在的危险，比如电、水、火，等等。但是孩子自己却十分缺乏对危险的辨识能力。这时候就需要家长的教育和引导了。倘若家长的教育及时、到位，孩子即使在碰到意外时，也能够按平时了解的知识来安全化解。

除了这些不常发的大型事故，对孩子来说，家里还有一些其他的安全隐患。

一、窗户与阳台。

孩子总是想看看外面的世界，这是由他的好奇心导致的，然而很多孩子身上发生的跌落事故都是跟阳台或者窗户有关的。孩子骨骼脆弱，一旦从阳台或者窗户跌落，则非死即伤。因此家里的窗户一定要设有防护网，窗边不得摆放孩子能爬上去的椅子或小型梯子。打开窗户时要保持一个孩子无法通过的宽度。开放式的阳台，栏杆要足够高，且不方便孩子攀爬；栏杆之间要紧密一些，以防孩子钻出去发生跌落事故。

二、台阶与家具。

室内台阶会十分吸引孩子的注意力，孩子刚会爬时就喜欢"征服"台阶，然而这个地方既能锻炼孩子，也是一处隐患所在。孩子处于生长阶段，身体变化很快，平衡感欠缺，尤其是在爬台阶时，更是不容易保持平衡，常常跌落。室内的台阶要装有扶手，顺着台阶要设壁灯，保证孩子在夜晚能看得清每一级台阶。台阶上不要放置任何障碍物。如果实在担心孩子出意外，最好在台阶上设置阻挡孩子的小门，转移他的注意力。

孩子喜欢爬高，因此任何方便他爬高的家具都有潜在的危险，比如，他会顺着椅子侧面的横梁爬到椅子上，但站起来时他就失去了平衡，容易跌落下来。家长要严谨孩子养成攀爬桌椅的坏习惯。当孩子坐在高椅子上吃饭时，家长必须时刻看护，不可掉以轻心，以防孩子在椅子上乱动而将椅子晃倒，摔在地板上。

三、地面和浴缸。

地面是孩子醒着的时候活动最多的场所。有孩子的家庭地面一定要保持干爽清洁。地面上有水很容易使孩子滑倒，地面上有孩子玩完没有收拾的玩具也容易使孩子绊倒，因此，家中的地面一定要考虑孩子的习惯，尽可能地为他创造畅通无阻的环境。

卫生间的地面因为无法保持干爽，所以最好铺上防滑垫。孩子进卫生间一定要有人一起。浴缸里也要铺有防滑垫，保证孩子洗澡时的安全。

豆豆两岁的时候，突然对插座特别感兴趣。自己家的所有电源他已经摸清楚在哪儿了，到了别人家做客时也不放过任何有插座的角落，总是蹲在旁边看得津津有味，有时还要上手摸，几次把爸爸妈妈吓出一身冷汗。妈妈担心豆豆出什么意外，一着急就对他厉声呵斥起来，把豆豆吓哭了。

爸爸把妈妈拉开，跟她商量，这样做只能吓住豆豆一时，过不了几天，豆豆就会"好了伤疤忘了痛"，又开始乱摸乱玩。与其四只眼睛盯着他防止他不小心摸上电源，不如教给他正确的用电方式。两相比较，还是教给孩子用法比较安全。因为一味阻拦的方法，总有疏忽的时候，而一旦疏忽，就极有可能发生意外。

商量好了，爸爸就开始教豆豆怎样把插头插进插座里；重点告诉了他注意事项，比如不可以摸插头的金属部分，只能碰塑料部分，不能把手伸进墙上或插排的插孔里；最后爸爸严肃地告诉了豆豆不听话的后果，不让他摸金属部分不是因为别的，而是因为电的威力很大，会伤害豆豆。

豆豆听话地点点头，开始按照爸爸说的去做，当他第一次把插头成功地插进插座时高兴地跳了起来。在爸爸妈妈的提心吊胆下，没过几天，孩子练熟了身手，也就对插座没那么大的兴趣了。爸爸这才对自己大胆的"安全教育"舒了一口气。

从豆豆爸爸的教育中我们明白，安全教育是有方法可循的。严厉禁止孩子做不利于其安全的事，不如教孩子用科学的方法来自我保护。我们提议鼓励孩子去参加一次消防演习，正是基于这个立场。

写给父亲的一封信

生活中安全隐患太多，尤其是对孩子来说更是如此。孩子的安全是天下家长共同重视的，因此安全教育必不可少。对孩子进行安全教育，可以分以下3个方面。

1. 未雨绸缪。

不要等到出了事故才去反思自己的教育中不到位的地方。安全方面的教育尤其应该未雨绸缪。从小就教育孩子不能玩火、不能触摸带电的插座、不能一个人去游泳池的深水区，等等。这些危险只要事先告诉孩子后

认知篇

果，一般就能够避免。

2. 当下教育。

家长应该抓住机会，随时随地教育孩子，比如做菜时不小心烧过热导致油锅着火了，赶紧拿锅盖盖住，处理完一切后，告诉孩子发生这类事的正确处理办法，并告诫他不要像自己一样使油锅起火。在大街上看到有人打架，告诉孩子这是不对的，看到这种行为可以拨打"110"，请警察叔叔前来制止。

3. 看电视时的教育。

电视节目各种各样，家长虽然可以多找动画片、儿童剧给孩子观看，但不一定能够将所有不良视频给过滤掉。有些电视剧里有众多的暴力、血腥镜头，孩子常常不可避免地看到。尤其是现在有了网络，更是难以把关。这时候要告诉孩子的是，暴力镜头只是为了做效果，不能模仿。这样孩子就能自动过滤掉不良镜头带给他的影响了。这也是安全教育很重要的一个方面。

 从名言中学教育：

> 有这样一句安全标语："安全是生命的基石，安全是欢乐的阶梯。"可见安全的重要性。在孩子的成长过程中，安全是保障。所有的成绩都要建立在安全的基础上。因此，应让孩子参加一次消防演习，为他灌输自我保护的意识。

品质篇

人说，品质是一个人立世之本。无才之人只会影响他个人的成长，无品之人却会影响整个社会。品质的养成更要从小开始。俗话说："三岁看老。"人在三岁时培养出的好的品质会影响他一辈子，而小时候就落下的坏毛病也很难改掉。

看一个人，首先看他的品质。孩子的品质有可能决定他一生的路。

天行健，君子以自强不息；
地势坤，君子以厚德载物。
——《周易》

33 带孩子去天安门参观一次升旗仪式

　　爱国是一种优良美德，是遗传自我们的革命先烈的优良传统。在所有的品质当中，爱国应该成为孩子的第一品质。然而，孩子当然不会自己就懂得国家的概念，也就更不知何为爱国。家长应该借各种机会对孩子进行爱国启蒙教育，从小事入手，培养孩子的爱国情结，让他渐渐懂得自己是一名骄傲的中国人，应该有一颗炽热的爱国心。

　　卡卡6岁了，明年就要上一年级了。爸爸一直想在孩子上小学前，趁着时间充裕，带卡卡去趟北京，不光是要带他游览各处名胜古迹，更重要的是想带孩子去天安门正式地参加一次升旗仪式。

　　卡卡已经有了模糊的"我是中国人"的观念，在家里电视中看到中国奥运健儿拿金牌时他跟父母是一样的激动的。当奥运健儿走上领奖台，场上响起《中华人民共和国国歌》，卡卡看着运动员满含的热泪，隐约明白什么。再次看到这个场面或者听到国歌奏响时，爸爸妈妈发现他也与运动员一样笔直地立着，一直到国歌奏完，他才去做别的事情。

　　对于卡卡的表现，爸爸妈妈一直很欣慰，同时也意识到，孩子长大了，应该正式地对他进行爱国教育了。爸爸想到的第一件要做的事，就是带卡卡去天安门广场，让他亲眼看看国旗的徐徐升起，从庄重的环境中更深地体会爱国的情感。

　　然而，现实生活中有不少孩子甚至孩子的父母都曲解了"爱国"的真正含义。每次谈起"爱国"，孩子马上热情高涨，激动的样子像是立即要捐上自己的一条命上战场杀敌立功一样，然而，刚谈论完，自己该怎么玩还是怎么玩，任由挑食、攀比、不爱劳动、不敬师长、自私自利等一系列缺点在自己身上滋生。

　　要知道，和平年代，并不需要有人捐躯报国。爱国对当今的孩子们来

品
质
篇

说，应该表现为努力学习科学文化知识，强化自身修习，成长为祖国的栋梁之材。这些不良行为习惯与爱国的感情根本是背道而驰的。这并不是因为孩子们没有爱国思想，而是由于他们对爱国的理解出现了偏差。

他们认为，爱国就是在大的方面表现出对自己国家的热爱，也就是响应国家的号召、支持国家的各项政策，当国家出现危难时，挺身而出，不惜付出自己的鲜血乃至生命。家长应该首先认识到这种观点的片面性，然后引导孩子明白：爱国不分大事小事，可以随时、随地进行，不是说只有制造出原子弹、提出国家最高的纲领政策才是爱国，同样，在马路上捡起垃圾扔进垃圾桶、栽种一棵小树苗、一对一帮助一位失学儿童都是爱国的行为，是值得提倡和发扬的。

爱国教育听上去是个大题目，但爱国的感情却是每一个孩子必须拥有的。如果一个孩子不爱国，那么他的发展就不会正常，甚至有可能走向歧途。自古人民最恨的就是汉奸，这种人坏就坏在没有爱国主义情怀，背叛了广大人民群众，给敌人当了走狗。因此，现实生活中，那些把孩子的身体健康和学习成绩摆在第一位的家长应该注意一下教育思路。没有一个孩子离开国家可以好好地发展，即使他以后定居国外，依然有着中国龙的魂，流着中国人的血。国家不只是土地，更是存在于人心里的。一个没有国家概念、没有一点爱国主义情结的人，是不可能健康发展的。

爱国主义是中国人民民族精神的核心，是几千年来不变的精神纽带。1998 年面对洪水的惊涛骇浪，爱国主义使我们紧紧拥抱在一起，组成人墙抵御住了洪水的冲击；2008 年面对汶川大地震的肆意凌虐，爱国主义使我们手拉手，一对一地帮扶受难群众。正是爱国主义，才使我们挺过了一个又一个难关。中华民族何以历尽磨难而生生不息？不正是因为爱国主义精神的代代传承吗？现在，爱国主义在我们的脑中，我们的任务就是将它传播给孩子。孩子只有在爱国主义的指引下，将来才能成长为合格的祖国建设者。

写给父亲的一封信

爱国品质对孩子来说是可贵的，那么，家庭爱国教育应该如何开展呢？

1. 带孩子认识祖国。

爱国是一种深厚的感情，应该建立在对祖国熟悉的基础上。对祖国了解得越深，爱国的感情才越强烈。因此，认识自己的祖国是热爱祖国的前提。家长应该首先带领孩子去认识祖国，出去走走，多见识见识祖国的大好河山；然后带领孩子去参观一下各大历史博物馆，让他对祖国的历史也有一个直观而形象的大致了解。在书籍的选择上推荐《上下五千年》《中国之最》等等，这些图书不仅能使孩子增长知识、了解社会，还能借此给孩子提供具象化的爱国主义教育。

2. 引导孩子认识社会主义制度的优越性。

爱国首先要心中有祖国，尊重祖国的社会制度，才能热爱社会主义祖国。认识到社会主义的优越性，孩子才能对祖国有一个深层次的认识。进行横向和纵向的比较是一种较好的德育方法，比如，给孩子提供一些相关图片，让他通过对解放前和解放后人民的生活水平的对比，认识到社会主义在提高人民生活水平上的优越性；借助各类媒体的相关报道，让他通过对我国和各资本主义国家的对比，认识到社会主义在维护公平和促进全民共同富裕上的优越性。让孩子认识到社会主义的优越性，是让他感受到社会主义大家庭的温暖，从而激发他的民族自豪感和自尊心，加深爱国热情。

3. 多为孩子提供参加爱国活动的机会。

爱国主义教育中，最直接而有效的方式就是让孩子直接参加活动，比如小朋友之间开展的祖国地理知识问答活动、参观文化遗址活动、清明节为革命烈士扫墓活动等，这些都可以深化孩子的爱国感情。孩子小的时候，家长可以自发地组织小朋友开展讲故事比赛，比如讲"伟大的祖国"或者"我爱北京天安门"等；孩子长大一些时，要积极带他去参观各种纪念馆，比如南京大屠杀纪念馆，让他牢记祖国的今天是用烈士的生命换来的，自己不努力将对不起这些逝去的忠魂，从而促使他努力学习，关心国家大事和前途。

4. 指导孩子的爱国行动。

有了爱国情感，最终还是要落实到爱国行动上。鉴于年轻人对爱国行动的理解都有所偏差，家长要注意指导他们的行动。教育孩子从一点一滴

品
质
篇

的小事做起，小事也可以爱国。只要抱着"祖国在我心中"的感情，就能有"我为祖国做贡献"的行动。比如，多带孩子去参加植树活动，美化祖国的每一寸土地，将爱国的感情落实在具体的行动中。

★ 从名言中学教育：

我国现代著名教育家陶行知先生说："国家是大家的，爱国是每个人的本分。"爱国不分年龄，对孩子的爱国主义教育应该从小就开始。带孩子去天安门看一次升旗仪式吧，让他从冉冉升起在晨光里的五星红旗上看到烈士的影子，培养爱国的情怀。

34 带孩子去献一次爱心

初为人父不久的主持人阮兴航曾对记者说过这么一段话："培养孩子的爱心其实是在培养他的人文精神。家长要让孩子学会关爱别人，自己先要以身作则。作为名人，不是参加一两次公益活动就能说明自己有爱心。对孩子爱心的培养要讲究潜移默化，'润物细无声'嘛！有机会的话可以带孩子去献一次爱心，让他对付出自己的爱心有亲身的感受。"

阮兴航说得对，只要让孩子亲自献一次爱心，他就会感受到对别人付出爱是多么的令人心情舒畅。

康康的邻居家里有个弱智儿童，名叫米米。每次在楼下玩耍时，总有很多孩子逗弄米米，叫她傻子，有时候还欺负她。

这天，康康正和米米在楼下跳房子，过来一个顽皮的小男孩，拾起沙包就朝米米打过来，他用的力道很大，正投在米米脸上，米米当下就哭了出来。那个小男孩一边跑一边喊："噢，噢，傻子哭喽！傻子哭喽！"康康在一边看得气不过，暗暗握紧了拳头，心想如果下次再看到有人欺负米米，他一定饶不了他们。

结果没过多久，刚才朝米米扔沙包的小男孩又回来了，还带回来一大帮孩子，手里拿着小石块，纷纷朝米米身上扔，还围着米米转着圈起哄："傻子傻子，你倒是哭啊！"康康再也忍不住了，但是他又打不过这么多人，于是灵机一动，冲进这帮坏孩子的"包围圈"，一边护住米米，一边说："你们别欺负人，我记住你们都是谁了，一会儿我就带着米米去你们家告状！"一听他要告状，这帮孩子马上四处逃窜了。康康摸着米米的头说："你放心，再有人欺负你，我会帮你的！"

从此以后，康康简直就成了米米的"保护神"。以前米米不太敢下楼玩耍，现在只要有康康在，她就主动要求下楼玩耍，米米的妈妈也很感谢康康。说也奇怪，自从多次赶跑欺负米米的坏孩子以后，康康特别有成就感。他觉得在保护别人的过程中，自己也觉得畅快，觉得生活是美好的。慢慢地，康康不仅帮助米米，在学校里遇到不公平的事也愿意"出手"，老师和同学们都夸他是个"见义勇为的好少年"。

保护弱小、捐献爱心都是同样的，是在向人世间播撒美好、播撒温暖。让孩子献爱心是好事，但如果孩子尚没有自觉的行为，家长不可以强行要求孩子去奉献。因为献爱心要求一个人有足够的强大心灵的力量。爱心自己是不会流动的，只有奉献者用强大的心灵力量去助推时，它才会在人与人之间流淌。献爱心也要遵循孩子生长的规律。两岁左右的孩子，对事物的占有欲强，这个时候是培养孩子自信心的重要阶段，不可以本末倒置，反而要孩子去"捐献"，哪怕仅仅是要求他将自己的玩具与他人分享（除非他是自愿的），这样反而会影响他的健康成长。

此外，如果父母本身对孩子不够爱，也不可要求孩子对他人献爱心。孩子是否有爱心与家长对他爱的多少有很大关系。试想，一个得不到太多爱的孩子，怎么能有爱奉献给别人呢？而一个心里装着满满的爱的孩子，更容易将自己的爱施与他人。也就是说，要培养孩子的爱心，自己先要全心地爱孩子，否则，得不到足够的父母之爱的孩子，不光不会有爱心，还可能变得冷漠无情，影响自己的成长和发展。

带孩子去献爱心，要胜过口头向孩子传播奉献的美德。因为带孩子到了献爱心的现场，孩子会有一种身临其境的感性认识，从而能够把握爱心的具体概念，在面对弱小时才会自然而然地涌起献爱心的冲动。

❤ 写给父亲的一封信

鼓励孩子去献爱心是一件好事，人们总是会对富有爱心的小朋友竖起大拇指。然而，孩子的爱心却不是与生俱来的，而是要在家长的细心培养下才能成长。

1. 明确榜样的力量。

父母对孩子的影响是第一位的，也是最直接的。如果父母都是富有爱心的人，那么孩子也会被感染。在日常生活中，父母与邻居相处要慷慨大方，常常与人分享，哪怕是自己心爱的东西也不要吝啬。这些都会被孩子看在眼中，而孩子是最擅长模仿的。不要忽略自己的任何行为对孩子的影响。父母甚至可以有意地在孩子面前表现出愿意与人分享的态度，或者当着孩子的面帮助有困难者，比如给老年人让座、扶盲人过马路，等等。别看这都是一些小事，却会在孩子心中产生不小的涟漪，让他看到父母有爱的高大身影。

除了父母自身，也可以从外界给孩子寻找榜样，比如社会捐献爱心的模范，多给孩子讲奉献模范的故事，鼓励他向模范学习。也可以寻找孩子比较有爱心的小伙伴，引导孩子多观察对方的言行，向他学习。或者鼓励孩子多与这类伙伴交往，所谓"近朱者赤，近墨者黑"，在交往过程中，孩子自然而然会形成同样的品质。因为同龄人的行为习惯更容易对孩子产生影响，孩子接受起来也更容易。

2. 分享也是需要训练的。

分享不是孩子与生俱来就会的，甚至也不是孩子与生俱来就会接受的。分享也需要后天的训练。分享训练要在家庭中起步。孩子首先要学习对家人付出爱心。也就是说，父母对孩子的爱要有度。父母在对孩子付出爱的同时，也要不失时机地向孩子索取爱。在家里，美食要一人一份，不可以所有人看着孩子一个人吃，这是大错特错的。这不是爱，而是溺爱。父母创设好了"家庭大爱"的环境，孩子自然就会明白："我们是相亲相爱的一家人，每个人都是平等的。爸爸妈妈爱我、为我付出，我也要爱爸爸妈妈。"

其次，家长要为孩子创造与人分享的机会。路上遇到乞丐，将钱交给孩子，让他亲手种福，播撒爱心；晚餐的餐桌上有奶奶最爱吃的鱼，请孩子给奶奶夹菜，表达他对奶奶的爱；妈妈下班回来，劳累了一天，让孩子给妈妈端杯热水，温暖妈妈；家里买来了糖果，让孩子给邻居小朋友们分，让他体会到大家齐夸他"慷慨大方"的滋味。

不管用哪种训练方法，只要孩子表现出愿意奉献自己的爱心时，

品质篇

163

就要及时地鼓励与赞扬。这样，孩子得到了良好的心理体验，就会从心底里认同这种处世方式和品质。

孩子学会与人分享以后，他身边的微观环境就会聚集很多甘于分享、以分享为乐的小伙伴，当他知道是自己的影响起了作用，吃到了小伙伴分给他的糖果时，他的内心会有一种不一样的满足感和自豪感。

★ **从名言中学教育：**

著名青少年工作者卢勤说："孩子的爱心是稚嫩的，你在乎它，它就会长大；你忽视它，它就会枯萎；你打击它，它就会死去。"带孩子去献一次爱心，让他的爱心之苗在你的呵护下茁壮成长吧。

让孩子给自己挑一次毛病

小学语文课本收录了这样一篇文章，讲的是列宁主动承认错误的故事。故事梗概是这样的：

有一次，列宁的妈妈带着孩子去姑妈家里做客。在客厅玩耍的时候，列宁不小心把一只花瓶打碎了。但后来姑妈问起的时候，列宁由于害怕受到批评，便谎称不是他打碎的。妈妈看到了发生的一切，但她没有马上揭穿孩子的谎言，而是装作若无其事的样子，但是常常有意识地跟他讲一些诚实守信的故事。她相信总有一天，儿子会主动承认错误的。

果不其然，不久之后，列宁就跟妈妈承认了："对不起，我不该欺骗姑妈，其实花瓶是我打破的。"妈妈很欣慰，她安慰孩子："没关系，宝贝，只要写信向姑妈诚恳地承认错误，她一定会原谅你的。"在妈妈的鼓励下，小列宁给姑妈写了一封道歉信。

长大后的列宁依然保持着自省的好习惯，自省使他日臻优秀和完美，最终得到广大人民的支持，成就了一番伟业。

故事当然主要是赞美列宁的，但细心的家长会看出，列宁的妈妈在这件事中起着举足轻重的作用。如果没有妈妈聪明大度而不失时机的引导，列宁可能会像普通孩子一样不能自己及时认识到错误，从而慢慢养成爱撒谎的坏毛病。列宁妈妈不急不躁，不生气、不惩罚，而是一步一步慢慢引导孩子自我反省，主动认错，这种方法是易于被孩子接受的，十分值得我们学习。

孩子身上的缺点形成的原因主要有 3 点。

1. 模仿得来。

人的缺点在行为上表现为坏的习惯。孩子身上坏习惯的养成绝大

部分都是受父母或者其他家人的影响。因为孩子接触最多的人就是家长，待的最久的环境就是家庭，所以，家人的任何习惯或动作都会成为孩子模仿的对象。假如大人在家作息没规律，孩子也会受到影响，养成跟大人一样的晚睡习惯；假如大人用完东西随手乱扔，那么孩子自己的房间也会乱得一塌糊涂；假如大人在公交车上不知给老人让座，那么孩子也就不懂得关爱他人。

兰兰在做作业时有个很不好的习惯——注意力不集中，一会儿找铅笔，一会儿看两眼电视，一会儿又问妈妈要水果吃，搞得爸爸妈妈很是头疼。与兰兰的班主任联系过后，爸爸妈妈才开始反省自己：家里总是乱糟糟的一片，导致兰兰找支铅笔都要费很长时间，而且影响了孩子的注意力；电视机总是开着，不管兰兰是不是在写作业；妈妈对兰兰的要求总是有求必应，兰兰有时候不是真的想吃水果，而是撒娇……

进行自我反省以后，爸爸妈妈又跟兰兰分析了一下她的坏习惯，一家三口约定：互相监督，共同改掉坏习惯。

2. 重复形成。

习惯是行为的重复。不要小看孩子做出的一个小动作，如果任由其发展下去，就会形成习惯。无论是好习惯还是坏习惯都要经过一个重复的过程才会形成。

有一次柏拉图看到一个小男孩在玩一个非常愚蠢的游戏，就严厉地训斥了他。小男孩并不服气，怪柏拉图不该为了这么一点小事就对他毫不留情。柏拉图说："现在你觉得这是一件小事，但如果你不在意，经常这么做，它就不再是一件小事了，而是会演变为一个贻害终生的坏习惯。"

人如果一直在重复一件事，就会不自觉地形成自己处世的轨道，轻易难以改变，这就能看出重复的力量之大。假如坚持的是好习惯，那么孩子将会受益一生，但如果重复一件事的结果是坏习惯，那么一定要在习惯萌芽之初就将其扼杀。事不在小，哪怕是咬指甲这样皮毛的事都要在第一时间禁止。

3. 纵容导致。

纵容是一种可怕的感情。临刑前咬掉母亲的乳头的江洋大盗的故事我们听过无数遍了，他在母亲的纵容下长大，终究长成了一个十恶不赦之人。这就是纵容种下的恶果。试想，如果在他做第一件错事时，母亲没有纵容而是严厉地惩罚了他，那么他的生命会结束在法场之上吗？

对于孩子的不良习惯或者做法，父母万万不可以纵容。还有一种态度叫做不闻不问，说到底其实也是一种纵容。比如说，当父母看到自己的孩子与小朋友抢玩具时动手打了对方，但出于对自己孩子的偏心，并没有制止，事后更没有跟他讲这是不对的，这就等于默认了孩子的行为。这样的孩子能长得好吗？

了解了孩子缺点的成因，就更容易从根上引导孩子自觉反省，加速改掉坏毛病。擅长反省的孩子也比较容易成功。

 ## 写给父亲的一封信

孩子自省是很难得的品质，养成了固然好，但父母在引导孩子走好人生路时，背负的帮其改正错误的使命也是很重要的。针对孩子身上的缺点，父母应该怎么做呢？

1. 对你的暴脾气严加看管。

本来孩子犯错以后，就已经抱有一种后悔和惭愧的心情了，如果这时候父母态度粗暴地火上浇油，会使得孩子感到无地自容，产生自卑心理，有些孩子还容易产生逆反心理。正确的做法是平心静气地与孩子谈论他的所作所为，引导他进行自我反省，这样才会真正地激起孩子内心纠正错误的欲望，慢慢解除掉坏毛病。对孩子多一些心平气和，哪怕是在指出错误时，不要让你的暴脾气限制了孩子自我反省的能力。

不是说批评不可取，而是批评要讲究方法和方式，有艺术的批评才能达到你想要的效果，对孩子的成长也是有利的。有些话不可以直接正面去说，最好的方式是"旁敲侧击"。但有些家长批评起孩子来毫无艺术性不说，还常常批评起来就没完没了，本来孩子的过错就是芝麻粒一点大小，家长偏爱将其夸大得简直像到了"害国害民"的程度，这样的批评只会刺伤孩子的自尊心，而不能促使其真正认识自己的过错并加以改正。

2. 不代孩子承担后果。

做了错事就要承担后果，然而我们的家长在孩子做错事时，倒是进行了该有的批评教育，但是一回头就去帮孩子承担做错事的后果。这样的结果是，孩子对家长的批评隔天就忘，费心的批评教育结果一点用都不起。事后孩子会觉得："做错了事原来也没什么，反正有父母在后边帮我收拾烂摊子。"不要怪孩子没心没肺，因为这个结果首先是因为你没有对他进行惩罚。没有惩罚，做错事以后跟事前受到的是同等的待遇，孩子就不可能深刻认识到自己的不足之处，而是继续我行我素。

要孩子自己承担错误的后果，也是在培养他的责任心。孩子踢球时打破了邻居家的窗子，美国父母的处理方式是让他去为对方修理草坪，赚到钱买窗子赔给人家；而中国的父母则马上掏钱买上新玻璃，将垂头丧气的孩子"解救"出来。这两种截然不同的做法培养出来的孩子也是截然不同的。

3. 用负面道德情感来引起孩子对错误的重视。

当孩子做了一些针对他人的不好的事情时，可以通过给他施加一些情感上的压力来使他更深刻地认识到自己的错误。比如，当孩子随地乱扔香蕉皮时，家长要告诉他这种做法有可能会给他人带来哪些麻烦：对环卫工人来说增加了劳动量，有可能使不小心踩到的行人滑倒，等等。这些可能发生的后果会让孩子从内心里感觉到内疚，从而刺激他下次不再犯同样的错误，是有正向意义的。

当然，也不必非要等到孩子犯了错误才向他灌输这种负面的情感，家长可以在平时多与孩子谈论一些正面的积极思想，比如做人要正直、善良、大气、宽容，等等，这样万一孩子犯错，稍加提点就能唤醒反省意识。

4. 引导孩子总结教训，不让错误犯得毫无价值。

俗话说："吃一堑，长一智。"错误也不是毫无价值的，只不过这个价值的体现需要犯错误的人具有主动性，在认识到自己的错误以后，主动总结教训，以备下次遇到同样的情况时自觉避免。为了做到未雨绸缪，家长可以引导孩子在做事前先设想一下可能发生的结果，如果做完以后发现结果与自己之前的想象并不一致，那么事后他就容易主动地进行自我反省了。

在引导孩子做总结时，家长要注意一个细节，就是不要越俎代庖，代替孩子作总结。因为家长作总结势必会掺杂成人的观念，孩子不一定能够接受。家长是领着孩子走路的人，而不是背着孩子走路的人。

 从名言中学教育：

> 俄罗斯有句民间俗语是这么说的："莫笑别人背驼，自己先把腰挺直。"将这句通俗而有深意的话讲给孩子听，在做了错事或与别人有了矛盾时，让他先找找自己的毛病。

品 质 篇

36 和孩子一起做一回志愿者

2009 年复旦大学自主招生的面试题目是"谈谈你对新农村建设的理解""谈谈如何提高我国的国民素质"等。从这些题目中能看出名牌大学所青睐的高材生是什么样子的吗?复旦大学党委书记秦绍德老师提出的学校招生标准中,第一条就是要有社会责任感。他认为,一个学生如果不懂得关心世界、关心社会、关心他人,一点社会责任感都没有,哪怕他诗书满腹也算不上可用之才。因此,良好的社会责任感是大学对人才的首要培养目标。

志愿者是孩子体会社会责任的最直接渠道。社会生活中有很多机会做志愿者,而且现在志愿者招收的范围也大大扩大了,不再只招收青年知识分子,很多儿童和老年人也逐渐加入到志愿者的队伍中,成了一支新的生力军。在 2008 年北京奥运会的志愿者队伍中,就有很多七八岁的孩子,他们带着最纯真的微笑走在人群中,派发着小红旗,或者给工作人员送矿泉水。他们像成年人一样,承担起了一份社会责任。在烈日的炙烤下,他们被国旗映红的小脸,写着的是骄傲的责任意识。

孩子长大后必然要在社会上担任一定的角色,这要求他从小就要养成责任意识。没有责任意识和成熟的价值观,孩子就无法得到别人的信任;反之,责任意识强烈的孩子,会同时具备强烈的使命感和荣誉感,愿意为了它们而去奋斗,发挥自己全部的能力,成为一个为人所敬仰的优秀人物。我们提倡的让孩子去做一回志愿者,就是要让孩子去培养责任意识,体会志愿者们心甘情愿挥汗如雨的心态,从而使自己成为一个更加完善的社会人。

有效地培养孩子的责任意识的方法就是:让他在集体中担任一些有意义的角色,使他了解自己的行为对集体的影响,感受到自己对集体的重要性,并能以自己为集体所作出的贡献而骄傲。在这个承担一定责任的过程中,要使孩子坚守自己的责任,为了做得更好而完善自己,不断地改正缺点，增长信心。这样，孩子自身能力的增长和为集体所做的贡献之间就是一种相辅相成的关系，互相促进。

一些发达国家对孩子责任意识的培养关注度很高。比如，在美国，孩子从幼儿园就开始轮流做老师的助手，帮助老师管理学生、组织各种主题活动。孩子们在参与时都十分积极，盼着能快点轮到自己。在协助老师的过程中，孩子的能力必然也得到了增加，这让孩子感到很自豪。在德国，法律规定孩子在14岁以后就必须承担家里的一些家务，可以修整草坪或者帮家里人擦皮鞋。上升到了法律的高度，这不光是要培养孩子热爱劳动、关爱家人的品质，也是在促发孩子产生责任感，意识到自己的价值和应承担的义务。

著名的教育家茨格拉夫人十分注重培养孩子的责任意识。她有一句名言是这样说的："必须教孩子懂得他们的一言一行、一举一动会产生什么样的后果，这样的话，久而久之，孩子就会变得很有责任感。"茨格拉夫人将责任意识的培养融入了孩子的生活细节中，并针对这些设计了很多家庭规范，比如规定每天最晚的回家时间和动画片时间，规定每天至少要做的家务劳动量。

有一次，茨格拉夫人的小儿子回家时已超过了规定最晚时间半个小时，茨格拉没有一点责备他的意思，但是明确提醒孩子：游戏时间往后顺延，减少了半个钟头。孩子欣然接受了，因为他明白这是自己应该承担的。

茨格拉夫人还将孩子的存折交由孩子自己保管，这不仅锻炼了孩子自我管理账户的习惯，还使得孩子明白了自己应该对自己负责任。

茨格拉夫人在孩子的生活里设置了很多义务和权利，一一与孩子讲解明白，当孩子没有承担起自己的义务时，相应地就要剥夺一部分他的权利。比如，孩子玩完玩具没有收拾就上床休息了，茨格拉夫人从来不会主动去帮他整理，而是保护好"现场"，第二天作为"证据"让孩子自我反省，自觉接受扣除掉一天玩的时间的"惩罚"。

茨格拉夫人说，作为母亲，她的心也常常在爱与无私之间摇摆不定，有时候心软想要原谅孩子的某些小失误，但转念一想，放纵孩子、迁就孩子，就是助他逃避责任，并不是一个好家长应该做的。

除了引导孩子主动承担自己应尽的义务之外，还要教育孩子不要随意将责任推给他人。在遇到挫折时，不去寻求真正的根源所在，而是将原因归咎于他人，这是不成熟的表现。而家长的任务就是引导孩子一步步走向成熟。

写给父亲的一封信

让孩子拥有责任心并不像说的那么简单，责任心的培养需要孩子和家长的共同努力，如果可能，最好请老师也帮忙配合。那么，培养孩子责任感的办法有哪些呢？

1. 签"合同"，规定哪些该做哪些不该做。

一遍一遍地提醒孩子出门不要乱扔垃圾，他却总有疏忽的时候。每次一看到爸爸冲他瞪眼，他就马上意识到，乖乖把垃圾捡起来扔进垃圾箱，可下次还是犯。这样的孩子让家长愁大了脑袋。

教了记不住，出去让别人一看还以为这孩子没有教养，怎么办？家长首先要了解孩子的思想，他们做事往往仅凭兴趣，不经大脑。如果没有强烈的约束，他们一般不会自觉地去坚持一件费力气的事。这时候不妨跟孩子签订一份"合同"，明确规定孩子应该做的和不应该做的。对于违反"合同"的行为，有相应的"惩罚"。"惩罚"的意义正在于，让孩子知道责任是必须负起的，不负责任是要受到惩罚的。

2. 教孩子首先对自己的事负责。

孩子首先要对自己的事情负责，才有可能对他人、对社会负责。家长不要事事代劳，将孩子的成长都代劳了。要尽量提醒孩子对自己负责。"自己的事情自己做"，这是幼儿园里十分提倡的一句话。孩子在学校十分自立，不用老师太费心，吃喝拉撒自己全都玩得转，但是一回到家，家长的嘘寒问暖让他立刻变成了"懒骨头"，好像什么也不会了。

教孩子对自己的事情负责，是让孩子拥有社会责任感的前提。可以先让孩子学着将自己要做的事情记下来，这样时间长了孩子慢慢就会懂得对自己负责了。

3. 为孩子的责任心而骄傲。

无论在什么事情上，如果孩子表现出了责任心，家长就要告诉他为他而骄傲，这时他会很有成就感，从而刺激他将这份责任心保持下去。家长的赞扬，尤其是当着外人的面的赞扬，容易激发孩子的自豪感，认为自己坚持的是正确的，从而养成习惯，看成是自己的责任。

4. 要孩子自己收拾"烂摊子"。

当孩子做错了事时，一定要让他意识到这件事情的后果，并且让他自己想办法来补救。比如，当孩子不小心划破了同学的衣服，要让孩子再买一件新的还给人家；当孩子踢球打碎了别人家的窗户时，要让他去跟人道歉并为对方换上新的玻璃。赔偿别人损失的钱可以先从父母手中拿，但是要跟孩子说明可以通过在家里打工做家务来"还款"，或者直接到年底扣除孩子的压岁钱。重点不在赔偿上，主要是为了让孩子从中学到做了错事就要负起责任，这是不可逃避的义务。

 从名言中学教育：

俄国著名文学家托尔斯泰说："一个人若是没有热情，他将一事无成，而热情的基点正是责任心。"请你用自己的社会责任心来感化孩子，帮他报名做一回志愿者，让他知道自己对这个社会是应该负有责任的。

品
质
篇

37 让孩子自己编一个童话故事

每个孩子都有一个关于童话的梦，梦里有美丽的公主、深情的王子、恶毒的皇后、昏庸的国王，还有会说话的小鸭子和会跳舞的白天鹅。听着童话故事入眠的孩子，如同插上了想象的翅膀。然而当孩子仰起头问你："天黑了是因为太阳公公累了，要回家休息了吗？"你只当他是因为不懂科学知识而显得天真可爱，于是一笑而过。

虎子长得人如其名，虎头虎脑的，更常常发表一些虎头虎脑的言论，可爱得很。

一个阴历十五的晚上，一家人吃完饭在阳台上聊天，虎子却一直在天上找来找去。妈妈问他："你找什么呢？"虎子头也不回："我找月亮呢，月亮刚才还在，怎么现在找不到了呢？妈妈你说它是不是又被天狗吃掉了呀？"一家人一听这话，哈哈大笑起来。虎子马上垂下了头，以他的经验看，他可能有说错了什么话。爸爸观察到虎子的异样，说："儿子你真聪明，月亮是又被什么东西吃了，不过这次不是天狗，是云彩。云彩可吞不下月亮呀，不信你看着，月亮一会儿就会被云彩吐出来的。"听了爸爸的话，虎子马上恢复了神采奕奕的眼神，观察天空观察得更仔细了。

果不出爸爸所料，月亮一会儿一点一点地爬了出来，虎子高兴地欢呼起来，一家人相互递一个眼色，谁也没有再大笑。

家长往往注意不到孩子的想象力是多么重要，更不知何时以及如何培养孩子的想象力。想象力不仅是孩子生活的调味剂，更能帮助形成发散性思维，进而培养出优秀的创造力。而创造力将在孩子的一生中占据着重要的地位。

当孩子跟你说着太阳公公、月亮婆婆的时候，不要一笑置之，试着俯下身来配合他、引导他说下去，你会发现他几乎能勾勒出一个精彩的童话故事，他的想象力是多么强大，他脑海中的画面是多么美好。如果不加重视，这种与生俱来的想象力是会随着孩子年龄的增长和知识的增多而与日递减的，千万不要轻易地放过这个培养孩子的想象力事半功倍的大好时机。

孩子的想象力有时候表现得很隐蔽，并不容易发现。除了无忌的童言童语、模仿性强的角色扮演等显性的表现，还有很大一部分想象力表现在隐性的地方，比如将无生命的东西拟人化看待等。父母不够重视，也就缺乏引导，孩子就会慢慢失去"天马行空"的激情。

想象力似乎表现在每一个孩子身上，那么想象力是一种与生俱来的品质吗？其实不然，孩子的想象力除了与遗传因素有关之外，还取决于以下各项因素：

1. 知识储备水平。

想象力形成的基础是对事物具备基本的认知。孩子在获得了一定的知识储备以后，就有了想象的基础条件。但这时，孩子对事物的认知仅仅局限于表面，不能深及本质，这反而为他随意联想提供了条件，也就发展出了各种想象，有时甚至不着边际。比如孩子会将汽车、飞机、毛毛虫看做一类事物。因为在孩子的眼里，它们都是运输工具，所以在孩子的想象里，汽车是可以飞的，也是可以在树上爬的。这说明孩子的想象力中联想成分少，而幻想成分多，可以漫天地想象，受到的拘束很少。但随着年龄的增长、知识储备的增多，孩子的想象力会发生质的变化。

2. 观察力。

孩子对一个事物产生想象，一定是在对它进行了观察的基础上的。观察所得到的结论常常与孩子已有的认知有所出入，这就刺激了孩子的联想。因此，应该鼓励孩子的观察习惯。观察不仅能够刺激想象，还能激起孩子的求知欲望，使其思维一直处于活跃状态，这对孩子想象力的培养也是大有好处的。

3. 发散思维。

在解决问题时，很多人往往一条路走到黑，非要走通不可；而很多并不聪明的人却懂得转个弯，换一条路走，换个角度看问题，路马上开阔起来。这就是发散思维的作用。孩子由于其年龄及经历的关系，思维相对于大人来讲是活跃的，尚不能形成固有模式，因此这时候锻炼其发散思维、

品质篇

培养想象力是很有成效的。如果孩子小小年纪, 思维就常常固定于一个而不得发散, 那就不容易有丰富的联想。

写给父亲的一封信

既然想象力在孩子的成长中是不可或缺的, 那家长们就应该"从娃娃抓起", 借助一些有效的方法, 对孩子进行有效的引导和培养, 使其想象力在宽松的环境中自由发展。家长的做法有哪些呢?

1. 培养孩子自觉想象的习惯。

要使孩子养成自觉自愿地想象的习惯, 家长可以从以下两个方面来做: 多引导和多夸奖。当你发现孩子对什么都没有兴趣、不愿多做联想时, 脑袋中要响起警钟, 多引导孩子自觉想象, 比如, 天空飘过一朵云, 家长可以和孩子一同想象, 这朵云到底像什么呢? 小狗, 小猫, 还是孩子的布娃娃? 在与父母的一抢一答中, 孩子慢慢就会重新燃起想象的激情。当孩子主动做了想象之后, 家长要及时夸奖, 不要冷落了孩子。孩子向你"发表了一番演讲", 为的是说明白为什么他觉得树是不应该砍的, 树也是有生命的, 这是好的想象, 当然应该受到夸奖。而当孩子跟你争执他要跟小狗一起睡, 因为这样他就可以和它说说话了。你明知这是不行的, 却依然不能批评孩子。这是孩子单纯的想象力导致的结果, 在他的眼里, 小狗和人是没有区别的。这时候批评他只会限制孩子的想象力, 而起不到其他你所认为的作用。

2. 为孩子创造想象空间。

首先, 要为孩子提供各种源信息, 也就是想象力发展的基础。比如, 将孩子的卧室布置得梦幻一些, 为孩子创造轻松的可以漫无边际想象的家庭氛围, 让孩子根据自己的想象为童话改写结局, 等等。这些将会使孩子的想象力不受束缚, 可以在想象的天空里任意驰骋。

其次, 对于孩子的想象不做限制。如果孩子常常产生不切实际的联想, 不要干涉。你花不少钱给他从商店买回了四驱车, 他只玩了一会儿, 就重新跟小狗玩去了, 这也无须介怀。对于孩子来说, 游戏的好玩程度与游戏用具的市场价值没有任何关系。小狗可能比昂贵的四驱车更能激起他的想象，让他有一起玩的冲动。过早地圈箍住孩子的自由想象，会影响他智力的发展。

再次，对孩子的常规和非常规的所有想象均表示认可，这是体现父母温情的一种方式，也是一种聪明的教育方法。鼓励政策下成长起来的孩子，想象力普遍维持时间长，并大多转化成为了创造力和科学的联想力。让孩子自己编一个童话故事，不管他的故事编得质量高低，都请鼓鼓掌，给他一个赞赏的拥抱。

 从名言中学教育：

英国桂冠诗人约翰·梅斯菲曾说过："人类的肉体是不完全的东西，人类的心也不值得信赖，然而，人类的想象力却是使人类卓越的动力。"由此可以看出，哲人们将想象力摆在多么重要的位置。从孩子小的时候就试着让他放飞想象，编织属于自己的童话梦吧！

品质篇

38

和孩子争做一回环保节能标兵

环境保护是全人类的共同事业,功在当代,利在千秋。环保的意义说起来很大,环保行动却要落实在每一件小事上。世界上很多发达国家都十分注重环保工作,公民纷纷以环保为己任,根本无须监督,自觉自愿地支持环保工作。

日本

日本非营利团体"爱爱"是专门从事智障儿童教育的机构,其负责人——将近70岁的粟田千惠子女士就是一位倡导环保的民间人士。她本人的生活十分低碳节能,过着一种近乎"什么都不扔"的生活。夏天无论多热她都不会开空调,冬天无论多冷也不会生火取暖或者开电热毯。她一年四季穿草屐,只在遇到极少的正式的场合才穿皮鞋。她随身携带自己的筷子,以避免外出用餐时用到一次性筷子。一件和服穿旧了还继续穿,直到破了洞实在不能穿了,她就把它改造成短外套,将剪下来的零碎布头做成小手工。她会将厨余垃圾制作成肥料,比如鸡蛋壳,她会碾碎了撒进花园或菜地里。

意大利

意大利儿科医生蒂诺也是一位"环保达人",她也从来不用空调,她认为只有自然的空气才是对人体最健康的。因为家、工作单位和孩子的学校之间距离太远,为了同时送孩子上学又保证不耽误自己上班,工作日她不得不开车出门,但到了周末,她就会骑上自行车带孩子去郊外游玩,呼吸新鲜空气。

韩国

韩国主妇金恩惠如今已经是两个孩子的母亲了。在她的家里,看不到餐巾纸,大家擦嘴都是用手绢。恩惠洗碗从来都不浪费水,都是把碗放到一个大盆里,接好了水再洗。家里的露台上有小花坛,她种上了青菜,拿洗米水来浇。有了这些菜，家里买菜明显少了很多。洗刷用的水她也会留起来，再用来刷洗露台。她很注重对孩子的影响，比如，她会刻意把家里的报纸积攒起来，供孩子练习绘画；也会把孩子喝饮料、牛奶的瓶子攒起来，和孩子一起做手工。

现在像粟田千惠子、蒂诺和金恩惠这样的人越来越多，像她们这样的行为已成为世界很多环保人士的日常之举。我们也要学习她们，不仅自己要节能减排，更要教孩子从小做起，将"环保"刻进孩子的心里，让他懂得为"全民环保"出一份力。

环境保护已越来越被人们所重视，提高环保意识已成为当前教育的重点。孩子是我们每个家庭的未来，更是国家的未来，家长对孩子加强环保教育，意义重大而深远。

写给父亲的一封信

与孩子争做环保节能标兵，是激发孩子参与环保的兴趣，具体的实施可以参考以下几点建议。

1. 让孩子从认识身边的环境开始。

"保护环境"，其中的"环境"有多大？它可以指整个地球，也可以指一个小区，甚至自己家中的小院子。孩子年纪小，眼界窄，教他保护环境不要一味求大求广，可以先从自己身边的环境做起。自己身边的环境保护好了，孩子就称得上名副其实的"环保小卫士"了。

家长可以多带孩子在小区里走走，看看小区各处的花草树木，玩玩小区里的健身器材，参观一下小区的垃圾站。一边转，家长可以一边告诉孩子："这些设施或者植物，使得小区的居民得到了很多方便，我们应该自觉保护它们。"看到草地上竖着的"小草也有生命，请您脚下留情"的告示牌，不妨请孩子念一念、讲一讲，这样孩子就会对爱护小草留下深刻的印象。看到小区里的电池回收箱，要给孩子讲清楚为什么电池要统一回收处理，不统一回收的话会有什么危害；看到分类垃圾箱，可以向孩子提问，家里的厨余垃圾应该往哪只垃圾箱里扔，而饼干袋、牛奶盒等应该往哪只垃圾箱里扔。带孩子在小区幽静的小凉亭坐坐，再到嘈杂的大马路转一圈，让他体会噪音污染的危害，从而自觉避免制造噪音。

2. 家长做好榜样。

家长首先要加强自身的环保教育。很多家长自己身上就有很多不环保的坏习惯，如果自己改不掉，那么也将对孩子产生恶劣的影响。家长要先从自己的一言一行做起，不随地吐痰、不乱扔垃圾、不大声喧哗、在公共场合控制吸烟，这些都会潜移默化地影响着孩子的行为。其次，家长可以常带孩子接触大自然，引导孩子发现大自然的美，从而产生保护环境、热爱大自然的情感。在接触大自然中，家长可以同时向孩子传授关于自然界中的动植物的各种知识，拓展孩子的视野。再次，家长要将一些孩子理解不了的环保行为向孩子解释清楚。比如，当孩子问你去超市为什么不用塑料袋或者去吃饭为什么不用一次性筷子等问题时，你要跟他解释，由于人类的乱砍滥伐，森林遭到了大面积的破坏，吸收的二氧化碳也大大减少了，导致全球正在变暖，因此，为了避免地球生气，我们要绝对支持"限塑令"。

3. 将环保融入生活每一天。

环保虽是一项大事业，但却扎根在每一天一点一滴的生活中。当发现孩子随手摘花、随意践踏草坪、乱扔垃圾、浪费文具等不环保的行为时，家长要及时加以制止，并晓之以理地耐心引导，直到孩子认识到自己的错误。生活中保护环境的行为有很多，不浪费粮食是环保，因此教育孩子吃饭时要吃得干干净净，尽量不剩饭剩菜；爱护动物是环保，因此教育孩子要拒绝食用野生动物烹饪的菜品；爱护树木是环保，因此教育孩子不可以随意攀花折木，见到类似行为要积极制止。另外还可以带孩子在小区里宣传普及环保知识，号召大家都来做环保节能标兵。从"教育"别人中得到的成就感，会让孩子对环保更感兴趣，更积极地去投入精力。

4. 寓环保于游戏中。

环保对孩子来说也许太过枯燥了，道理都讲了无数遍了，可在孩子身上成效就是不大，他主动的时候很少，主动性太差。比如，他会自己将垃圾攒着扔进垃圾箱，但看到别人乱扔垃圾他却很少去管。这并不是家长希望看到的结果，我们都希望我们的付出能收到良好的成效。对于孩子来说，硬生生的教育是不够的。孩子的第一天性是"玩"，因此如果将环保的理念融入到游戏里，那么孩子接受起来就容易多了。

比如，教孩子将自己的旧衣服改成布娃娃的裙子，布娃娃有了新衣服穿，孩子抱着穿着自己小时候衣服的布娃娃也会有一种不一样的感觉，对自己有一种认同感；再比如，教孩子将喝牛奶剩下的盒子改造成笔筒或者花盆，变废为宝的过程会让孩子觉得欣喜，而且将孩子的作品摆在家里也显得独特而充满童趣。

 从名言中学教育：

用美国生物行为科学者诺曼·卡曾斯的话说："我们违背大自然的结果是，我们破坏了自然景观的美、自然动态的美和天籁的美。"让孩子和你一起，做一个环保节能标兵吧，这是他给地球母亲的最好的礼物。

品质篇

39 与孩子合作完成一项实验

　　与人合作能力的培养属于情商培养的一部分，家长们一般都十分重视，但很多家长急于求成，想直接培养孩子在做事上的合作能力，岂不知这是不科学的。

　　当孩子年纪尚小时，玩是孩子的第一要务，并不适合培养他合作做事的能力。要找合作的对象，首先当然应该选择他的小伙伴们，也就是首先要培养孩子在交往上与人合作。这是做事的前提。

　　交往合作在给孩子带来快乐的同时还能培养孩子的合作精神，是一个制造快乐同时享受快乐的过程。成年人讲合作是要在双赢的基础上，快乐就是交往合作中孩子们的双赢所在。孩子在交往的过程中互相关爱，体会到爱人和被爱的快乐。独生子女们只有跟同龄人融在一起，通过亲身的交往才能体会这个年纪特有的快乐。

　　当孩子长大一些时，可以教他与人合作做事了，比如一起完成一项实验、一起复习功课、一起策划一个派对。这时的孩子能够明白合作的道理了，并可以感受到合作带给他的甜美的果实。要注意的是，合作的确能够将众人的力量拧成一股绳，做成大事，但不是所有的事都需要通过合作来完成的。比如做作业，就要严格要求孩子独立完成，遇到实在解决不了的难题时可以众人一起想办法，但找到解决问题的思路后还是要每个人都独立做一遍，以巩固对该知识点的记忆和应用。

　　通通报了美术特长班，在班上认识了很多小朋友。这个周末，通通邀请了好多同学来家里玩。在爸爸的倡议下，他们决定分成三组，每组三人，进行一场染纸比赛，从教材中挑出 9 个染纸花样，看哪个组完成得最快。

　　比赛一开始，大家都忙碌起来，每个人都在认真、细致地雕琢自己手中的艺术品。一个作品完成以后，大家显出了快慢区别。这时，通通的爸爸发现，有一组小朋友与其他组表现出了很大的不同。别的组的三个小朋友依然自顾自手中的活计，而这个组却有了分工，第一个花样做得最快的小朋友只负责剪出花样，就交给这时候正好做完的另两个小朋友，由他们负责染色。只见他们有条不紊，动作衔接自然，做出的成品也很不错。这时，通通的爸爸听到有剪刀和水彩笔掉到地上的声音，转头一看，通通所在的小组和另一个小组已经乱作一团了，不是剪刀找不到了，就是颜料洒了一桌子，几个小家伙一边着急赶比赛一边互相埋怨。这边分工合作的小组的速度明显处于优势。仔细一看，他们想乱也难啊，每个人工具都不离手，根本不可能掉到地上，颜料也是有一个人主管的，别人不会碰到。通通的爸爸不禁暗暗点头叫好。

最终，当分工合作的小组漂亮地完成所有任务时，另两个小组还差两三个呢。通通的爸爸借机会跟孩子讲了刚才他的所见所想，夸奖了那个提出分工合作的主意的小家伙，并提倡大家多向他学习，借助合作的力量得到最大的成功。通通的爸爸说："不光是你们，连我也受益匪浅，我也应该向他们学习！"

孩子若掌握了与人合作的能力，并能够在团队合作中充分施展自己的才能，对他长大以后的生活和工作都会起到很大的影响。尤其是工作，很少有单打独斗就可以成功，每个人都要学会将自己的能力放在大集体中，再从集体共同创造的利益中按照自己贡献的大小来分一杯羹。因此，从小培养孩子与人合作的能力是很重要的。

写给父亲的一封信

合作能力是家庭教育中必须受到重视的一项能力，家长可以从以下几个方面来培养：

1. 激发孩子与人合作的兴趣。

兴趣是最好的老师。没有兴趣的事，孩子不会坚持多久。因此要培养孩子与人合作的能力，首先要引导他发现与人合作是一件有趣的事。在孩子眼中还没有"利益"一说，因此谈不上共赢，但快乐和有趣足以给予他充足的"试试看"的理由。当孩子发现与人合作原来是一件如此吸引人的

品质篇

事，在与人合作中可以表现自己的能力，成功的合作还会带给自己那么多好处时，他就会慢慢喜欢上与人合作了，而且会主动参与合作，甚至组织合作。

激发孩子与人合作的兴趣的方法有很多种，比如鼓励孩子帮你一起完成一件手工制品，夸奖他的细心，尊重他的劳动，并在亲戚朋友面前刻意说明是孩子与你一起做的，这样会让孩子感到合作能带给自己赞扬和承认；老师布置了回家上网查找有关孔子的资料，与其让孩子一个人找，不如鼓励他与好朋友每个人负责找一个方面最后共同分享，这样会让孩子觉得一个人完成不了的事多个人却能做得很完美，合作能带给自己更多的收获。这些都是刺激孩子与人合作的兴趣的好方法。

2. 引导孩子在与人合作中为人着想、团结互助的品质。

影响孩子与人合作的心理阻碍之一就是自私的性格。这种性格大多是由于孩子在家庭中受娇惯太多形成的，是如今独生子女的一大共同特点。正是由于这种性格的影响，孩子不愿意与人合作，或者在被迫参与到合作中时仍然对人存在较大的攻击性、待人不友善，一旦发现情况对自己不利时马上临阵脱逃，使合作宣告失败。父母有心培养孩子与人合作的能力，就要在这方面多多引导孩子，鼓励孩子多设身处地为他人着想，与同伴团结互助。合作虽然最终是为了达到"利益共赢"，但不可两只眼睛单单盯着自己的利益，坏了大局。当发现孩子在与人合作时存在任性等问题时，家长一定要及时引导，杜绝不良行为的发生。与人合作是树立孩子在同伴中形象的时机，自私自利的孩子往往没有威信可言。

3. 鼓励孩子主动解决合作中遇到的问题。

在与人合作中难免出现这样那样的问题，孩子们之间建立的合作更是如此。如果在合作中出现纠纷或争吵，家长先不要干涉，而是要引导孩子主动去寻求解决的办法，或者教给孩子正确的处理问题的方式。孩子实在无法正确解决时，家长再站出来协调处理。但要注意要本着公平、公正的原则处理孩子之间的纠纷，不能偏袒自己家的孩子，也不能过于照顾别人家的孩子而使得自己的孩子感到受了委屈，伤害孩子的自尊心。

4. 巧用游戏和作业引导孩子与人合作。

有很多游戏孩子一个人是玩不起来的，这就给家长提供了教育孩子与人合作的优良载体。比如，孩子很想玩过家家的游戏，但是一个人无法又当爸爸，又当妈妈，还要当孩子，时不时还要兼职做一下医生。这时家长就可以鼓励他将朋友们叫到家里来，大家分好角色，共同游戏。孩子长大一些时，在学习上也可以鼓励孩子与同学合作。比如背课文，一个人从头到尾一遍遍地背，效果总是不够好，两个人一起，你帮我检查、我帮你挑错，这样效率就高了，同时也在无形中形成了合作的氛围。

从名言中学教育：

　　我国近代哲学家艾思奇说："一个人像一块砖砌在大礼堂的墙里，是谁也动不得的；但是丢在路上，挡人走路却是要被人一脚踢开的。"这里讲的就是合作的伟大力量。教孩子从与人合作完成一项实验开始，慢慢培养与人合作的能力，做大礼堂里位置不可动摇的一块砖吧！

品
质
篇

40

鼓励孩子参加一回班干部竞选

对孩子领导力的培养在国内的家庭教育中比较少见,但在国外却十分普遍,尤其是美国的孩子,领导意识之强烈世界知名。

当然,领导能力不是与生俱来的,美国孩子的领导力强与家长对他们的有意识培养有关。美国家长喜欢鼓励孩子主持或者策划活动,他们认为,这样孩子长大以后就会自然而然具有领袖气质。美国第二任总统亚当斯说过:"任何社会,最终都将由精英统治。"精英是指哪些人?是指拥有最广博的知识、最严谨的思维、最雄伟的远见等一长串品性的人。在所有的品性之上,精英首先要具备领袖气质。

有位在美国做教学工作的华人老师曾讲述了他亲眼见到的这样一幕:在洛厄尔小学的一间教室里,老师不在,孩子们渐渐声音大起来,听来比较吵闹。这时候一个小男孩站了起来,搬着一把椅子大踏步走到讲台上,自己站到椅子上冲着下面的学生,从容地高声宣布:"请安静下来!现在老师不在,我就是你们的老师,你们要听我的,都不要再说话了,安静看书!"这位华人老师说,当他看到这一幕时觉得很有意思,那些孩子才上一年级,六七岁的样子,居然就有这么强烈的领导意识。说也奇怪,学生们果然就听他的话安静了下来。试想,如果这种事情发生在中国,很可能就被大家起哄赶下台了。

美国的父母将孩子领导能力的培养融入了一点一滴的生活中,而并不指望通过突击达成。领导能力与语言训练一样,必须一点一滴地渗透。美国的孩子们从小就受到良好的熏陶。

"未来领导力"在欧美现代教育学中是一个重要的概念,为很多教育工作者和家长所青睐和重视。它主要通过孩子在少儿阶段所接受的演讲、团队合作、项目管理等方面的锻炼来培养。比如，在美国的课堂上，孩子经常有机会上台表达。对任意一个孩子来讲，第一次站上讲台，面对众多同龄人和老师的眼睛，胆怯和害羞是不可避免的。但锻炼的次数多了，孩子就会由最初的战战兢兢变成勇敢大气，敢于在人前表现自己，更敢为人先。

有些家长可能有疑问：在孩子小的时候就培养其领导能力是不是太操之过急了？这种疑虑是完全没有必要的，相反，专家鼓励家长要在三岁之前培养孩子的领袖气质，错过这个关键时期，对后天的发展是无益的。

聪聪刚上小学一年级，回家就跟爸爸说老师选她做班长了。令聪聪感到奇怪的是，爸爸似乎并不是很高兴。第二天，老师突然宣布班长换人了，聪聪很是伤心。回家跟爸爸说时，爸爸说："是我让老师把你撤下来的。"聪聪惊讶地睁大了眼睛。爸爸语重心长地跟聪聪说："孩子，你已经上一年级了，不比上幼儿园，你要开始努力学习了。当班长只会分散你的时间，耽误你的学习。你以后就会明白的。"

在聪聪的意识里，爸爸总是跟她说："你以后就会明白的。"可是她不明白的是，当班长是多高的荣誉，她想当班长，当班长就要在各方面做到表率，在学习上也是，怎么会耽误学习呢？总之爸爸说的那些"你以后就会明白的"她从来也没明白过。

孩子进入少年时期，学习任务加重，家长往往更不愿意孩子再"出风头"做什么班干部、学习委员了。很多家长甚至当着孩子歪曲学校设立班干部的意图，说："班干部只不过是给老师跑腿的，别傻了，学习要紧哪！"可知，在这样盲目而短视的教育下，孩子失去了磨砺自己、锻炼领导能力的机会，变成了一部只会学习的机器。

对孩子领导力的培养，经验的重要性不可不提。哪怕是一堆孩子在一起玩起了冲突，站出来带头解决问题也是一种对领导力培养有益的经验。孩子为解决问题动了脑子，得出的结论或者执行的解决方式又能服众，这就在无形中成就了孩子们心中他的"领导"地位。

品质篇

当然，前提是要以理服人，靠拳头得到的"地位"是不稳固的。这要求孩童中的小小领袖也要有一定的逻辑思维能力和客观的判断力，在经过缜密的思虑以后做出决断，这样的过程才是真正的锻炼领导能力的过程。

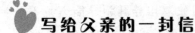 写给父亲的一封信

"望子成龙""望女成凤"是多少年来中国父母的一直愿望，这不光要求父亲给孩子做好足够的物质方面的支援，更需要精神方面的支持和倾心倾力的培养。"领袖"是可以通过各种方法培养出来的。

1. 与孩子一起学习。

父亲与孩子一起学习，可能对工作压力、养家压力大的父亲来说比较难。但一起学习的作用真的很大，父亲可以尽量抽出时间来实践。父亲与孩子一起学习本身就是一件有趣的事情，不受年龄的限制，接触同样的知识，是平等的学习伙伴关系。这容易让孩子产生自己可以做主的想法，有利于领导意识的养成。

2. 引导孩子从构思到计划到实施。

领导能力强的孩子无论是构思还是计划或实施，都能做得得心应手。构思是计划的前提，也就是设计一个蓝图，其中的目标必须是可以达到的。构思完了以后要为之配备一个可行性计划。这两步都是从总体上进行统筹规划。计划制订出来以后还要督促孩子着手实施。一个领导如果没有实施和执行力，是一个不够完美的领导。父亲将这三项都跟孩子强调了，一步一步走下来，锻炼的就是一个全盘的操控能力，而这一点是领导力的必备因素之一。

3. 教孩子理解他人所想。

领导者很重要的一个能力就是识人，这个识人不只是认识人的本质好坏，还包括理解他人的所思所想。知道了他人的想法，孩子才更容易判断形势，从而做出正确的决断。对别人认识的准确与否决定着孩子作出判断的正确与否。另外，准确识人还可以帮助孩子交

到良友，避免受到坏品质的影响。识人的能力与孩子的理性思维关系密切，要想准确识人就必须具有理性缜密的思维方式。

4. 教育孩子学会倾听。

愿意倾听是一种可贵的品质。能够耐心倾听他人的孩子更有同情心，更容易理解别人，也更容易得到众人的信任和认可，从而在作出判断和决定时更容易受到大家的信服。教孩子学会倾听，在这样的锻炼下，他会慢慢具备化干戈为玉帛的能力。在同龄人中，他的发言会更具说服力。

5. 鼓励孩子多交朋友。

领导者的人际关系都是广泛的，有领导力的人必定是有亲和力的，如同美国现任国务卿希拉里，如果没有谦逊的亲和力如何能在政坛上常青？反过来说，多交朋友，在与朋友相处中，孩子就会产生自信，从而促进孩子领导能力的提升。

6. 鼓励孩子多多参加活动，与人合作。

比起家庭环境中单纯的"交往"，与同龄人的交往对孩子来说更为重要，也更能锻炼能力。多鼓励孩子参加各种活动，在活动中，他必然会碰到需要与人合作之处。而与人合作是领导者的重要能力之一。毕竟领导者不可能是孤家寡人一个，他的雄伟抱负、伟大构思凭他自己的力量只是空谈，需要一个团队去实现。当然，一开始做不成团队的队长并没有关系，鼓励孩子先从队员做起，学会与人协作的本领，再逐渐发展为领导整个团队。

7. 不放过任何可以站上"领导"之位的机会。

父亲应该在任何可以发挥领导力的时候鼓励孩子站上"领导"之位。当小伙伴为了一件小事争执不休时，鼓励孩子站出来做调解人；当班上选班干部时，鼓励孩子站上讲台"推销"自己；当学校举办晚会时，鼓励孩子主动担纲策划、统筹全局。只要孩子具备了足够的自信心，父亲就应该积极地助他一臂之力，将他推出去。只有真正站到众人眼光之下，亲身体会了做一名领导者的威严，才能在领导力上真正成熟起来。经过实践的孩子，稍微一接触就会发现他身上的领袖气质，这就是实践的力量，因此父亲要用好这张牌。

★ **从名言中学教育：**

美国第六任总统约翰·昆西·亚当斯说："假如你能用行动激发他人梦想得更多，学习更多，做更多事或者成为更伟大的人，你就是一个领导者。"教孩子学习怎样成为一位卓越地为他人赐福的领导者吧！

41 让孩子给过去的自己写一封回忆信

童年的短暂和快乐决定着它的宝贵，童年是一个人一生的开端，但随着时光飞逝，人们却发现童年已经不在记忆里了，那些快乐都被忘记了。这是多可悲的事，如果你亦如此，请不要让这种悲剧在孩子身上重演。多与孩子一起回忆他的童年吧，让孩子给自己写一封回忆信，回忆一下过去的自己。

跟孩子一起回忆童年，会让他对自己加深了解，对父母加深感情。孩子在与父母一起回忆童年趣事时，往往表现出极大的兴趣。他们对不在自己记忆中的自己充满了好奇，也对辛苦抚育他的父母充满了感激，最终这种回忆会引发孩子对生命的敬重。

当与孩子一起回忆起他的童年时，有快乐可循是最幸福的事。快乐是一个快要被家长们疏忽的字眼。家长们往往认为自己爱孩子就足够了，认为自己给孩子铺的路才是对的，将来孩子长大一定会感激自己的父母。但他们忘了，快乐才是童年的基调。如果将来孩子回忆起童年，发现充斥的只有"学习"两个字，那会多失望。

牛牛放学回家，看到爸爸在沙发上读报纸，愣头愣脑地问了一句："爸爸，你快乐吗?"爸爸一愣，儿子怎么会这么问呢? 也没多想，爸爸就随口答："挺快乐啊，你呢，儿子?"一边问一边眼睛又回到了报纸上。

他本以为儿子才 9 岁，还是小孩一个，肯定不懂得什么是痛苦，那自然每天都过得很快乐了。但儿子的回答却大大出乎爸爸的意料："我一点儿都感觉不到快乐，上课、作业占用了我每天几乎所有的时间，我没有任何娱乐活动，怎么能让自己快乐呢?"

爸爸一下子竖起了身子，严肃地跟孩子说："快乐是需要感受的。你感受它存在它就存在，感受不到它就真的不存在。你仔细去发现，会发现快乐也存在在你每天的学习中。"儿子似懂非懂地点了点头，回屋放书包去了。

爸爸心虚地吐了一口气，其实他说那一段话只是担心儿子因为这个而出现心理健康问题，但其实他十分知道孩子的辛苦。孩子生活得十分单调，每天只有学习，虽说学习也有学习的快乐，但每天沉重的课业压力让孩子根本快乐不起来。爸爸意识到，是该为孩子做些事情的时候了，否则当他回忆起童年，将会发现没有一点鲜艳的色彩。

单调的学习让孩子体会不到任何快乐，单调的生活也没有丝毫波澜。

大龙和小龙是一对双胞胎兄弟，特别调皮。

暴雨过后，爸爸赶回了家，一进院门，见自己的一对双胞胎儿子正在自己辛苦开垦的花坛里玩得正欢。两个小家伙满身都是泥，花坛边沿已经摆了好几辆形状不一的泥汽车，还有一架飞机。

孩子根本没有注意到爸爸的在场，依然投入在各自的创作中。这时，爸爸听到身后想起一声尖利的叫喊，然后妈妈大踏步跑了过来，把小汽车和飞机一下子扫到了地上，一边骂着儿子把刚洗的衣服弄脏了，一边把他们一手一个揪回了屋子。孩子们脸上的笑容没有了，取而代之的是惊恐，不知道自己犯了多大的错，要受到什么惩罚。爸爸愣在当地，有些惋惜地看着满地汽车、飞机的"残骸"，若有所思。

成人长大以后就渐渐缺失了童心，不能理解孩子的快乐，导致孩子与父母之间出现了代沟。其实，如果找回自己的童心，设身处地地为孩子想一次，走进孩子的世界里，去品位他们的快乐，将孩子快乐的权利归还给他，为孩子维护他的秘密空间，使他在其中大胆地玩大胆地享受快乐，为自己的童年留下浓墨重彩的快乐笔画。

 ## 写给父亲的一封信

父母给孩子最好的礼物就是让他拥有一个快乐的童年。真正的快乐不仅是面上的笑容，更是发自内心的感情流露，快乐能使孩子有足够的抵御纷繁复杂世俗的能力，让他充满自信，阳光地生活。给父亲们提供一些小建议：

1. 少一些约束。

孩子快乐的天敌就是外界的约束。所以，随孩子去发呆吧，那时也许他正在发挥自己的想象力，想要把天空中的云捏成老虎的形状；由着孩子去漫无目的地闲逛吧，看到小昆虫他会想要去抓，闻到花香他会想要去寻根求源。让他自己去想象、探索和发现，从中体会属于他的快乐。

2. 教他体味"助人为乐"。

帮助别人，得到一句"谢谢"，那种快乐是与众不同的。快乐不应仅仅是单纯的，还应该具备一些人文意义。帮助别人会让孩子感觉自己是被需要的，是有用的，那种快乐是从心底里散发的。比如，常带孩子去儿童福利院，请他帮助那里的孩子，哪怕只是与他们聊聊天，一起做游戏。爱心是口井，是让快乐不断的源泉。

3. 教孩子保护自己的健康。

健康的身体是快乐感觉的基础。身体若是不健康，再快乐也味同嚼蜡。多带孩子去运动，从运动中体会健康的快乐。比如，春天带他去踏青，夏天带他去游泳，秋天带他去摘果子，冬天带他去滑雪，一年四季，总有一项活动适合孩子。实际上，身体健康就是足以让孩子和家人都快乐的事情。

4. 多笑。

在日常生活中，一家人多讲讲笑话、开开玩笑，使家庭氛围保持在一种和谐幽默的状态。这样孩子就能天天保持心情舒畅，家将是他最爱待的地方。多笑的孩子一定是快乐的、向上的和阳光的。

5. 多表扬。

当孩子取得进步，表扬是很有效的一种激励方式，表扬让孩子的心中充满了被认可的快乐，其他语言难以达到这种境界。但每次家长口中的表扬的话总是千篇一律，不是"你真棒"就是"乖孩子"，时间长了孩子也听腻了，仿佛他努力的最终目的就是为了得到你这颠来覆去的三个字。建议家长们多创造几种表扬孩子的方式，或者在表扬时讲究一下技巧，比如夸奖具体到细节："宝贝你讲的那个大灰狼和小红帽的故事真好听，小红帽太聪明啦！"

6. 发掘他心里的艺术美。

孩子的艺术细胞需要你去发掘，而不是一股脑地在音乐、美术、舞蹈班全给他报名。艺术确实能带给孩子成就感，但很多父亲蛮横地要求孩子去学习，使得孩子对艺术再也提不起兴趣。还有的父亲明明孩子很有美术天分，他却送孩子去学钢琴；明明孩子喜欢舞蹈，他却送孩子去学象棋。父亲在选择时，稍不小心犯下这些差错，有可能就断送了孩子童年的快乐，也断送了他的艺术之路。

7. 专心听孩子说话。

在孩子的心中，没有比父母更亲的人，没有比父母重视自己更令他快乐的事。专心听孩子说话，给予他你全部的注意力，这让孩子有种受重视的感觉，让他从心底里觉得开心。当孩子对你说话时，无论你手头正在忙着什么，都先停下来，转向孩子认真地听他说。不要打断孩子的话，不要插嘴，不要催促他，把两只耳朵都给他，哪怕他说的故事你已经听过无数遍了。

 从名言中学教育：

唐代女诗人杜秋娘有一佳句："劝君莫惜金缕衣，劝君惜取少年时。"可见儿时是多么重要和值得珍惜。让孩子常常回忆童年，常给自己写回忆信，让孩子的回忆里有快乐可循寻。那么，等他长大拿出这一叠信件时，会觉得是一捧沉甸甸的宝贝。

伴随着如今知识更新速度的加快，"终生学习"已经成为大势所趋。如果不及时学习新知识，就会落伍，被社会潮流落在后面。这就凸显了自学能力的重要性。

　　在我们教育制度的造就下，社会上出现了很多高分低能的"人才"，大学本科、研究生、甚至博士生毕业，但空有一张文凭，他们只会被动地接受知识、接受教育，却没有任何自学能力和创新能力，到了社会上自然吃不消。

　　欢欢的名次一年比一年提高，这让爸爸很是欣慰。究其原因，爸爸觉得是因为孩子自学能力强。在低年级时，欢欢年龄小，受老师的影响深，一般都是被动学习，就是老师要求他学什么就学什么，抱着完成任务的心态来学习，同时又调皮贪玩，学习自然比不上一些乖巧踏实的同学。

　　后来，随着年级的提高，欢欢懂事了，而且对未知事物很感兴趣，在知识的学习上不再是不求甚解的状态。他常常在搞懂了老师当堂讲授的内容后，再追根溯源，一直将拓展知识全部搞懂。良好的学习状态让欢欢一天比一天进步，最后终于在高考的考场上打了一场胜仗。

　　从欢欢的学习经历中可以看出自学能力是多么重要。然而很多家长并不能注意到这个问题，他们习惯了填鸭式的教育，认为只要给孩子灌输足够的知识就能培养出一棵好苗子。在学校重压的知识灌输之下，家长还要给他们报各种学习班、特长班。但实际上，在填鸭式的教育下，孩子变成了装知识的机器，根本没有时间去自我消化，更不用说做深入的拓展研究了。长期下来，孩子必然变得愚钝麻木，对知识倒背如流却不求甚解。与其花钱给孩子报各种特长班，倒不如鼓励他自学一门外语。这样既学到了知识，又能锻炼孩子的学习能力，对他文化课的学习也是有益的。

品质篇

"授之以鱼，不如授之以渔"。教给孩子知识没有用，重要的是要让孩子学会学习，拥有自学的能力。很多孩子在学习时都有依赖老师的习惯，回到家有难题还要找父母帮忙。父母帮不了的，就给孩子请家教或者送孩子去上课外辅导班。总之，孩子无论在哪一阶段的学习都有老师在旁协助，哪里还有锻炼自学能力的时间呢？

某记者曾经源着一篇名为《上外法语系男生玩转七国语言》的帖子找到了其中的主人公。当时帖子的主人公就读于上海外国语大学法语系，正值四年级。他主修法语，二外选的英语，另外，他还自学了西班牙语、葡萄牙语、意大利语这几门，对韩语和德语也略懂一些。他曾经在上海 F1 和 MotoGP 等赛事做过小语种翻译，车手和裁判对他的评价都很高。问到他怎么创下如此奇迹的，他说起自己的"事迹"来却相当谦虚："喜欢就去学了，不知不觉就学到了这个水平。"

对于学习这么多外语的原因，他就一句话："因为感兴趣。"他居然从没参加过外语培训班，除了英语和法语外，其他几门语言全是他自学的。他说，他从 5 岁接触英语时就对外语十分感兴趣，长大后逐渐喜欢各种外语。别人觉得记单词和语法是很痛苦的事，他却觉得那是一种享受。当然，在学习过程中他付出了很多努力。记者问他是否考虑去考一些证书，他很坚决地摇了摇头，说那些被家长逼着参加各种培训班考各种证书的孩子很可怜。这些措施不仅对帮助孩子学习用处不大，而且极易导致孩子产生逆反情绪。

有业内人士说，像他这样的"外语牛人"根本不需要考证，也不愁找工作，这七门外语就是他的招牌，其中折射出的他的自学能力之强正是企业最看重的品质之一。

♥ 写给父亲的一封信

自学能力不会与生俱来，需要家长从孩子小时候起有意识地进行培养。让孩子具备自学能力，是现代家长必须要做的一件极具前瞻性的工作。这里摘录一些"前辈"的经验供大家学习。

1. 正确判断孩子何时具有自学的能力或潜力。

对于父亲来说，能够正确地判断出孩子是否有能力自学也是一种能力。判断的标准是什么呢？第一是孩子的基础是否牢固，基础牢固才能自学后续的知识，否则无从前进；第二是孩子对新知识是否感兴趣，只有有兴趣孩子才有自学的动力，否则也只能在压力下学习；第三是孩子是否有强烈的目标意识，如果孩子心中早已有了一个目标，而且急切地想要达到那个目标，这时候鼓励他去自学是最好的时机。

2. 自学训练从娃娃抓起，循序渐进。

自学训练是可以从孩子小时候就开始的，可以先鼓励孩子自己搞懂生活中不明白的问题，逐渐让他通过观察自己学习某种棋类的玩法，等孩子长大一些，就可以让他自学功课了，也就是老师常说的"预习"，这样循序渐进，孩子慢慢就会掌握自学的方法，具备自学的能力。

3. 教孩子正确的自学方法。

很多孩子在自学时，一碰到难题就蔫了，马上问别人，这对养成自学的好习惯来说并不好。教孩子能搞懂多少就学多少，遇到不明白的难题先跳过去，将它"死记硬背"下来，当作公理一样认同，往往学着学着后边的内容突然就开窍了。自学比被教学当然要难很多，自学的关键是不要被困难吓倒，要尽量自己解决。半途而废的自学等于白学。

4. 教孩子自学时养成记笔记的习惯。

自学不同于有老师教授，光凭孩子看书很容易出现困顿、难以为继的状况，而记笔记就能很好地解决这一问题，而且对加强记忆很有帮助。另外，在记笔记的过程中，对刚才看过的知识点又进行了重复，是一个复习的过程，因此对于理解也有好处。笔记上不光要记重点内容，还要记自己不明白的地方，这样回头复习的时候就能把当时的遗留问题解决了。

5. 自学中的习题练习。

自学当然也要做习题，以便巩固和运用刚学到的知识。由于是自学，所以孩子对自己的学习程度把握得很准，家长可以鼓励孩子自己选择习题来做。习题不在多，而在精。做题时要严格按照规范来写，像要交给老师的作业一样，不可以应付了事，这样不是应付别人，而是应付自己。

6. 不要将孩子自学的目的搞混，本末倒置。

要求孩子自学某一门学科，不是要让他通过自学掌握多少知识，不要在这上面强加一些要求给孩子。我们的目的是培养孩子自学的能力，以便他能应对今后日益快速的知识变革，因此要强调的是让孩子尽快掌握自学的方法。等孩子将自学方法掌握熟练以后，自学的速度自然就提高了，学到的知识就多了。说白了，这就是"鱼"和"渔"的区别，在他学习如何"渔"时，不要强迫他打上更多的"鱼"。

7. 指导孩子充分利用小工具。

字典、词典、计算器，这些小工具都是帮助孩子自学的好东西。尤其是在学习外语时，与汉语互译的各种词典是孩子不可缺少的小工具。孩子一开始可能并不善于使用这些工具，从而使得学习常常半路卡壳。只要家长善于引导，孩子慢慢就会发现工具的实用的。当孩子问你这个单词怎么念时，即使你知道也要告诉他："去字典上查一查去，那里边不光有读音，还会告诉你它的各种意思呢！"

 从名言中学教育：

英国伟大生物学家达尔文说："我所学习到的任何知识，都是由自学中得来的。"自学使这位大师获得了如此成就，我们又有什么理由不去相信自学的伟大力量呢？鼓励孩子自学一门外语吧，让他从中感受自学的乐趣，锻炼自己这种不可缺少的能力。

43 和孩子一起去看一次大海

有这样一个意味深长的故事：

孩子跟着妈妈到山里游玩，兴奋地跑在前面，回来看妈妈落在后面，就大喊："妈妈！"突然他听见身后响起同样的声音："妈妈！"孩子问："你是谁？"那声音也问："你是谁？"见对方老是学他，孩子有点生气："你真讨厌！"谁想到，对方竟也冲他喊："你真讨厌！"这下可惹怒了孩子，他愤怒地大喊一声："我恨你！"对方也毫不客气："我恨你！"这下孩子又气又怕，跑回妈妈身边，抱着妈妈大哭起来。

妈妈笑着安慰他："别怕孩子，那是大山的回声。你对它说什么它就会回应你什么，不信你再对他说点别的试试。"孩子擦擦眼泪，半信半疑地问："真的么？"妈妈鼓励他："你试试看嘛！"孩子回过头，鼓足勇气喊："你好！"果然山那边传来同样的声音："你好！"孩子回过头冲妈妈笑笑，又继续喊，"我爱你！"回音也很热情："我爱你！"孩子开心地笑了。

仔细一想，社会不就是群山吗？像故事中的孩子喊出的"我恨你"和"我爱你"一样，你付出什么决定着你会收获什么，怨恨则得怨恨，宽容则得宽容。

带孩子去看一次大海，会让孩子感受到海的博大。所有的大江大河都汇聚到这里，海悄无声息地一一包容。让孩子体会大海的宽容和博大，感慨中培养其博大的心胸。

宽容是一种修养，是尊重人、温暖人、爱护人、帮助人、理解人、体贴人、赞美人、信任人。宽容即温柔，宽容即原谅。宽容是顽皮的孩子扔了石子之后湖水的波澜不惊，宽容是大雨赶走太阳之后，太阳又赋予天边的美丽彩虹。人心若得宽容，则比天大比海深。

有一则公益广告：拥挤的公交车，人满为患。小伙儿挤到了姑娘，姑

娘心情不佳，一叠声地喊："挤什么挤？挤什么挤？"小伙儿也不甘示弱，粗着脖子鸣冤叫屈。两人你来我往，事态很快升级，变成了吵架。这时，一位老者站出来劝解："年轻人，把心放宽，就不挤了。"

广告虽短，却意味深长，道出了一个普通人难以企及的境界：把心放宽。宽容真的不是那么容易做到的，但也正因为如此，宽容的人才难得，一个总是宽容别人的人，如神一般高贵。

很多父亲也知道宽容之心的重要，在注意培养孩子宽容他人的品质，但往往不能采取正确的方法，好心办坏事，对孩子的成长反而是不利的。

家明今天在学校出了个大糗。他在课间玩小刀，不小心把同桌婉虞的裙子划破了。婉虞一边哭一边指责他，同学们哄堂大笑起来。家明觉得太丢脸了。后来老师还严厉地批评了他，这让他更是脸上挂不住了。

家明回家就把事情的原委告诉了爸爸，爸爸问他："跟婉虞说对不起了吗？"家明摇摇头："我是想说来的，可是还没等我说出口，她就先尖起嗓子指责我了，我一生气就没说。"爸爸说："人家的裙子都坏了，还不允许指责你几句啊！本来就是你不对，你不说对不起还有理由了？明天上学时问问她的裙子多少钱，在哪里买的，叫你妈妈给人家买一件新的。"说完就转身回电脑前忙工作了。家明本来打算回家找一些安慰的，谁知道批评他的人中又多了一个自己的亲爸爸。真郁闷，家明边想边走回自己的卧室，摔上了门。

第二天，家明也没问婉虞，两个人打起了冷战。谁知道，后来爸爸妈妈竟然背着家明主动找到婉虞给她道歉，还给她买了一件新裙子。这让家明心里十分不舒服。两个小伙伴再也没有和好。

像家明的爸爸这样，十分希望自己的孩子能做到宽容待人，但方法却并不对头，导致孩子与小伙伴的关系反而破裂了。这样的教育可要不得，在教育孩子宽容时，也要重视孩子的内心想法，耐心地引导孩子真正从心底产生要宽容待人的想法。

如果每个人都能做到宽容，这个世界上将没有伤害。宽容不是吃亏不是上当。给别人开一扇窗的同时，自己也看到了更广阔的天空，何乐而不为呢？

父母是孩子成长之路上的引路人。在父母的栽培下，孩子可能成为一个宽容之人，也可能成为一个心胸狭窄之人。个中取舍，就看你选择哪种栽培方式了。

写给父亲的一封信

宽容不容易，教孩子成为宽容之人更不容易，我们为父亲来支几招。

1. 以身作则示范宽容。

心胸狭窄、万事斤斤计较的人是不可能培养出宽容的孩子的，因此，要教孩子学会宽容，自己首先要是宽容的。家长要与邻里之间和谐相处，与同事关系融洽，而不是回家就怒气冲冲地说同事的坏话，或者抱怨老板。遇到不公平待遇时，要以一颗宽容的心去谅解对方，凡事多为对方着想。这样，孩子就会学习家长的一言一行，终能成长为宽容之人。

2. 让孩子明白"人无完人"的道理。

俗话说，金无足赤，人无完人。每个人都有优点也有缺点，孩子的朋友们也是。让孩子明白这个道理，从而即能在别人犯错时更容易做到原谅。与人相处的方法在于求同存异，而不是对与己异见者求全责备。对于朋友身上的缺点，要学会包容和体谅；对于陌生人偶尔的一句不中听的话，也完全不必斤斤计较，他可能正心情不好，可能正有什么烦心事，不了解对方，就更没有理由生气了。给别人一分宽容，等于给自己一分好心情，给自己的路多拓宽了一分。宽容的人一定是一个日臻完善的人。

3. 教孩子善待他人。

怀着一颗善良的心去待人时，自然就会表现出宽容和理解。教孩子在遇到不淑之人时，用一颗善良的心不与之计较，以德报怨，终能感化对方。善待他人就是教孩子设身处地为他人着想，一个人做错了，一定是有原因的。分析这个原因，并因为这个原因而原谅对方就是一个宽容之人应该做的。善待和宽容别人，即是在给自己铺路。脚下的路越宽，人生越璀璨。

4. 寓教育于故事。

教育孩子做宽容之人的小故事有很多，父母可以拿来读给孩子听。故

201

事更能吸引孩子，也更容易让孩子身临其境。让孩子假设自己是故事中的主人公，顺着故事情节的发展往下走，在需要做选择时，先问问孩子如何选择，再将故事的结局告诉他，让他对比得出自己与宽容的距离还有多大。这种教育方式使得孩子容易理解他人，站在别人的立场上思考问题，激发孩子宽容他人之心。

 从名言中学教育：

　　美国小说家马克·吐温关于宽容有一句美丽的话："紫罗兰将她的香气留在了踩扁自己的脚踝上，这就是宽容。"通过这句话，我们仿佛能看到紫罗兰美丽的心灵。 让孩子去看一看大海吧，看一看那波澜壮阔下广博的心胸。

磨砺篇

　　生活在父母的荫护下，困难对于孩子来说似乎并不存在。然而正是因为如此，我们才呼吁家长给孩子多一点磨砺。探险也好，当众演讲也好，哪怕只是带他去看看山区孩子的学习条件也是好的。要让他知道，美好的生活来之不易，不能挥霍；更要让他知道，磨砺是使一个人进步的磨刀石。没有磨砺，璞玉不能散发灼目的光泽；没有磨砺，凤凰也不会重生。

　　为孩子创造接受磨砺的机会，更要赋予孩子一颗勇于面对磨砺的心。这是父母给孩子一生最好的礼物。

　　　　　　　　　　　　　　剑虽利，不厉不断。
　　　　　　　　　　　　　　——《韩诗外传》

44 和孩子一起去探一次险

让我们先来看看英国人的一个教育方法——鼓励孩子多去探险。英国的儿童专家也对这种教育方式给予支持，认为孩子应该参加探险游戏，培养自己的挑战精神。

这种方式在大多数中国父母眼里恐怕有些难以理解。在中国当今社会，家家户户一个孩儿，矜贵得不得了。孩子参与的任何活动，都要经父母认定没有任何风险了才会被准许。做父母的怎么可能还鼓励孩子去探险呢？

但英国专家是这样解释的：喜欢探险是孩子的天性。在孩子的活动区域内，应该设置一些"可控制性"的探险机会，例如，攀岩就是一项危险系数小、孩子安全可控的良好的探险游戏，既能锻炼孩子胆量，又能保证安全，远远好过传统的秋千等不可控的游戏。假如父母过多限制孩子的天性，对他的成长和尽快成熟是没有好处的，孩子很可能受天性的驱使，去探寻更大的刺激，造成不可预知的危险。

再把镜头拉回国内：

豆豆的爸爸突发奇想，带着4岁的儿子去远郊踏青。在此之前，豆豆几乎就没怎么接触过大自然。爸爸想，儿子这么大了，也该出去闯闯看看了。

豆豆一路玩得很高兴，跑累了，就在草地上滚来滚去地撒欢儿。突然，豆豆从草地上跳起来，带着哭腔喊爸爸："爸爸你快来，我害怕！"爸爸赶忙上前，原来是在一根青草叶上趴着一条大青虫，正扭着绿色的身躯在蠕动。爸爸把虫子捏起来，说："豆豆，这只是一条吃草的虫子，对我们人类没有任何攻击性。"说着就要把虫子往豆豆手里递。豆豆像蚂蚱一样弹开了，说什么都不敢接。

爸爸陷入了深思，儿子什么时候变得这么胆小怕事了？记得自己小时

磨砺篇

205

候上山下海到处玩，啥都不怕，啥都敢往嘴里塞。看来现在的孩子养在温室里，真的养出了一身富贵病。以后要注意带儿子多出来玩，多长长胆量了。

豆豆的爸爸考虑的是对的，对于未知事物缺乏探寻的勇气是目前孩子普遍存在的一个弱点。那么，是什么原因造成了孩子这种胆怯的心理呢？

1. 家长过度保护。

家长的过度保护使得孩子不必去冒险，久而久之就会降低冒险欲望。家长们大事小事大包大揽，自以为是给孩子关爱，岂知这样不仅会使得孩子不够勇敢，甚至连自我照顾的能力也难以培养。

2. 远离大自然。

住在城市的林立楼房中，与大自然的超长距离让孩子根本没有机会去探险。陪伴孩子的不是花鸟鱼虫，甚至连同龄的小伙伴都没有，孩子天天与书本、电脑为伍，在安静的世界里过着爸爸妈妈赚来的舒适生活。这样的孩子何以了解探险的乐趣呢？

3. 社会对孩子衡量标准的偏差。

社会上衡量优秀孩子的标准根本就没有探索意识和冒险能力这一项，这更促使家长和学校老师普遍认为，孩子只要好好学习，将来考上好的学校，毕业以后找到好的工作就是成功。但如今社会上挑战如此之多，要成就一番事业，离了勇敢的品质是难以为继的。

4. 社会不安定因素的影响。

对孩子来说，社会中处处存在各种危险，这让家长们很不放心。对危险唯恐避之不及，更别提带孩子去探险了。家长总是把孩子视为弱者，恨不得将所有发生危险的可能性都扼杀在摇篮里。孩子从一出门，就被叮嘱要小心：过马路有危险，跟陌生人说话有危险，带电的东西有危险……孩子在家长的"吓唬"之下，心理压力很大，更失去了冒险的兴趣和勇气。

写给父亲的一封信

父亲在家庭中是勇敢品质的代表，在孩子眼中更是强者，探索和冒险的精神理应由父亲来教给孩子。那么父亲如何做才能培养出孩子勇敢的精神呢？专家给父亲们提出了这样一些建议：

1. 在孩子面前表现勇敢。

在孩子面前表现勇敢对父亲来说不算难事，但对母亲来说就不一定了。因此父亲主要应该提醒母亲在遇到突发情况时要镇定一些，比如见到老鼠或者蟑螂不要发出惊声尖叫，要注意对孩子的影响。如果母亲经常这样表现，孩子也会被这类事物吓得胆战心惊。

此外，父母不仅要在孩子面前表现出勇敢的一面，更要鼓励孩子勇敢、坚毅地面对危机和困难。有的小男孩天生胆大，常常不知危险地爬高玩耍。这时父母不应该厉声喝止："你爬那么高，掉下来会摔断腿！"孩子当然会相信父母的话，这样一来，孩子胆子越来越小，再也没有爬高的冲动了。正确的做法应该是：夸奖他的勇敢，但也要跟他讲清楚爬高有一定的危险性，下次爬高要在大人的保护下进行。这样既鼓励了孩子保持勇敢的精神，又保证了安全。

2. 鼓励孩子多多探索未知。

冒险中遇到困难、危险或者失败是很平常的事，也是不可避免的。家长不愿意让孩子去探险，无非也就是害怕这些。但是如果因为这些潜在的危险而坚决反对孩子参加冒险活动，或者在孩子探险归来训斥他，列举种种危险让孩子后怕，孩子就会渐渐失去探险的勇气，变得再也不敢主动去探险。因此，家长应该对孩子的探险行为或想法持"拥护"态度，有时候，孩子的探险活动甚至显得有些孩子气、单纯或者说"愚蠢"，也不要随意地责备孩子。探险重在教给孩子勇敢的精神，而不注重探险活动本身。只要对孩子的行为持赞扬的立场，多一些鼓励和支持，孩子就会越来越渴望去探险，冒险、勇敢等精神就会渐渐具备。鼓励孩子多多去探索未知，无疑是送给孩子的一份珍贵的人生礼物。

3. 提醒孩子冒险前做好心理准备。

冒险行为的性质应该让孩子提前明了，从而做好充分的准备，以便在真正遇到危险时能够从容应对。家长要教孩子学会判断他所选择的冒险行为的正确性。理智的冒险是可以的，但有些冒险是盲目的、不可取的。教孩子认识电的危险性，警告他不要冒险玩接电的插座时，可以采取实验的方法，将两根电线的一段剪掉绝缘保护层，使电线相碰产生火花。告诉孩

磨砺篇

子这个火花的威力有多大，这样他以后就不会玩电盲目冒险了。在孩子去参加任何探险活动时，都要将潜在的危险告诉他，让他做到心中有数。

4. 教给孩子应对潜在危险的本领。

社会上隐患重重，光有心理准备是不够的，孩子还必须掌握一定的防护常识。有了能够应对潜在危险的本领，无形中就给孩子添加了底气，自信和胆量也就更强了。比如，孩子一听到打雷就害怕，觉得有怪物要来了。这是因为他缺乏科学常识，只要跟他解释清楚，再告诉他如果人不幸被雷击中会导致中电死亡，因此雷雨季节下雨天最好不要出外行走，如果实在要出门，行走在路上也要注意避开大树、电线杆等危险导电体。另外，在遇到坏人时的应对措施也应该让孩子熟知，无论何时，用技能和智慧保护自己是最重要的。

5. 鼓励孩子多参加野外夏令营等活动。

野外夏令营是将孩子们集中到一起去野外活动的好机会。集体的氛围使得孩子更愿意去探险，在集体中表现自己勇敢的一面。因此，如果家里经济条件许可，就多给孩子报一些野外夏令营之类，不要把孩子的假期都拴在学习上。

 从名言中学教育：

苏联大教育家苏霍姆林斯基说："要教孩子敢于去做聪慧的冒险，在那些勇敢行为中永远会有冒险，但是，没有聪慧的父亲般的冒险，谈及教育一般是不可能的。"这句话的意思是，家长要鼓励孩子去参加冒险，但冒险不可盲目，一定要用智慧相伴。

45 与孩子一起坐一回过山车

你陪孩子一起坐过过山车吗？你陪孩子一起打过电脑游戏吗？你陪孩子一起数过天上的星星吗？

对于玩，家长总是又爱又恨。爱的是，玩确实能放松孩子的身心；恨的是，玩也确实使得某些孩子玩物丧志。其实，玩并不是与学习站在对立面的。

婷婷家的衣柜里有一箱特别的衣服，整整一大箱都是布娃娃的小裙子、小外套之类的，而且都是婷婷亲手做的。从四五岁到现在婷婷都要上高中了，她爱给布娃娃做衣服的爱好一直热度不减。

她曾经将各种碎布头乱七八糟地铺满一床，也曾被缝衣服的针扎过手指头，还曾把自己的衣服与布娃娃的衣服缝到一起，但她从没放弃过，爸爸妈妈也从没打击过她的热情，反而源源不断地为她提供布料。

她先把自己喜欢的布料在布娃娃身上比出尺寸，然后自己"设计"款式，再笨拙地剪剪裁裁，缝出衣服的大致样子。缝好以后她就像一位真正的设计师一样郑重地给自己的模特穿衣服。如果合适，她会一边端详着一边露出自我陶醉的笑容；如果不合适，她还会脱下来重新认真地修改，直到满意为止。

虽然她的作品技术粗糙，美观度也不够，但爸爸妈妈对它们的评价从来都是用尽赞美之词。有时候爸爸妈妈也会在一边给她做副手，递把剪子、穿个针鼻儿，忙得不亦乐乎。

其实在一开始，婷婷的爸爸妈妈只是抱着"给布娃娃做衣服能让女儿安静下来，大人也就能够得一些空闲"的想法，由着婷婷把卧室变成服装厂，折腾得家里到处都是碎花布，凌乱不堪。

后来他们发现，婷婷通过给布娃娃做衣服，不仅锻炼了动手能力，而且思维变得更敏捷了，做事更细心了，注意力更集中了，增强了艺术审美

磨砺篇

力，陶冶了情操。而且随着年龄的增长，婷婷做的衣服越来越有范儿了，也细致多了。学业紧张、压力大的时候，婷婷翻出妈妈给她各处搜罗的碎花布，一个晚上下来，一条小裙子完工了，婷婷的烦恼也消失不见了。

这一发现让婷婷的父母兴奋不已。女儿从小到大学习成绩一直很好，看来游戏不光没有让孩子玩物丧志，反而对学习起到了促进作用。婷婷的父母暗自庆幸，幸好没有将这种小游戏扼杀，现在看来，支持婷婷给布娃娃做衣服的小爱好是个明智之举。

家长们总是喊着"不要让自己的孩子输在起跑线上"，同时将孩子送去各种各样的辅导班，于是可怜的孩子们没有了周末，没有了假期，没有了游戏。忽略玩，这是家庭教育中的重大失误。

玩是孩子了解世界的重要窗口，在孩子蹒跚学步时，已经知道与人追逐嬉戏。但这并不说明孩子对所有的"玩"照单全收，孩子对玩也有喜恶，他所喜欢的玩必定能在他的成长中起到一定的作用，或者是对孩子的身体健康有好处，或者是能帮助开发孩子的智力，或者是利于孩子高尚情操的养成……总之，孩子喜爱的，会在孩子的成长中扮演重要的角色。家长望子成龙的愿望只有在重视了玩、尊重了孩子自己的选择和喜好的前提下，才有可能达成；否则，即使孩子将来考试回回第一，也极有可能是个"高分低能儿"。

因此，作为家长，我们不仅不能限制孩子玩游戏，还要陪孩子一起玩，玩出花样来，甚至要玩出教育来。

在玩中，要一切以孩子为中心。孩子常常不遵守既有规则，而是自己建立一套独特的玩的规则。比如，孩子将积木堆得很高很高也许只是为了得到把它们推倒那一个瞬间的欢愉；孩子更喜欢让玩具小熊去游泳，弄得从卫生间到卧室的地板上一片湿淋淋的。在面对这样的与众不同的孩子时，家长要做的是引导和尊重，而不是教训和斥责。

 写给父亲的一封信

面对孩子游戏和学习的矛盾，父亲们完全不必担忧过多，玩不像我们认为的那样单一，是可以完全无害地融入孩子的生活的。

1. 生活中处处是游戏。

提到孩子没有游戏的机会，家长也是满腹委屈："我们要拼命赚钱给孩子提供更好的生活条件，又要照顾孩子，还要陪孩子做游戏，哪里有那么多时间啊？"

其实全球的父母都面临这样的问题，埋怨时间不够用，又担心陪孩子太少。这样的抱怨没有必要，不管工作有多忙，游戏也可以不被忽略，因为生活中的点点滴滴都可以变成游戏，且贴近生活的游戏更能吸引孩子的兴趣。

生活是游戏，生活用品就是玩具。用空的饮料瓶做出一朵花，如果孩子喜欢这个游戏，那么这个饮料瓶就比商店里昂贵的电动玩具的价值还要高。当家长在厨房忙碌，让孩子在一旁敲击锅碗瓢盆，也可能敲出一首音乐。

2. 在玩中学习。

不要让游戏仅仅是游戏，在游戏中其实有很多东西可学。父亲要善于指导孩子借游戏来学习，磨炼优秀的品质。

不同的游戏能锻炼孩子不同的品质。现在孩子由于大多是独生子女，没有太多机会与同龄人交流和接触，导致在群体中才能锻炼的某些能力在孩子身上得不到有效培养。多鼓励孩子与同龄人一起做游戏，比如扔沙包等，可以从中培养他与人合作的能力。当孩子在玩过家家时，也可以借此培养他尊老爱幼的品质。而无论什么游戏，都能锻炼孩子遵守规则、遇到困难积极想办法、主动解决问题的能力。如果游戏是在户外，孩子还能从中认识世界、认识大自然。如果游戏是在家中进行，不要忘了提醒孩子游戏之后收拾房间，使房间回归本来的样子，这也是在培养孩子的责任感。

3. 做好孩子的第一任玩伴。

家长是孩子的第一任玩伴，孩子以后会不会玩、玩得好不好、在玩中能否得到有效提高，第一任玩伴的带领作用十分重要。

首先，游戏要精心挑选。随着孩子年龄段的渐次增长，家长为孩子选择的游戏要有所变化，这是对孩子成长的一种尊重，是符合孩子成长期特点的。

其次，肯花时间陪孩子做游戏。由于游戏必然要花费时间，这对家长

磨砺篇

来说比较困难。但是如果你真的有心陪孩子游戏，时间总是有的。比如家长可以陪孩子玩"躲猫猫"的游戏，蒙上孩子的眼睛，让他感受在黑暗中的摸索，等他抓到你之后他就会明白：事物总是存在着的，不会取决于自己的眼睛。这样，以后当你出差或者度假，孩子就不会那么难以接受，因为他知道只是暂时看不到爸爸或妈妈了，他们还会回来的。

再次，有意为孩子树立模范。在游戏中可以培养孩子很多品质，家长在与孩子做游戏时严格遵守规则，孩子也就会自觉遵守；家长在游戏中讲谦让礼貌，孩子也会具备这些好习惯；家长在游戏中多说话，也能引导孩子多与人交流。这些都是家长可以掌控的。

★ 从名言中学教育：

我国大文学家和革命家鲁迅先生曾说过："游戏是儿童最正当的行为，玩具是儿童的天使。"他向来提倡玩的时候就痛痛快快地玩，学的时候就踏踏实实地学。我们应该学习鲁迅先生这种理念，不要将孩子的童年都交付于学习，给他一些放松的时间，常陪他去游乐场坐坐过山车、去公园跳跳绳。

46 让孩子在大庭广众之下做一次演讲

　　在西方国家中，父母十分重视对孩子的口才教育。西方很多政界要人都是演讲的好手，比如英国前首相撒切尔夫人，常常以妙语连珠的演讲和入木三分的评析赢得听众热烈的叫好声。铁娘子正是通过演讲，将自己的睿智和政治态度犀利而又精彩地表达了出来。撒切尔夫人何以有如此高的演讲水平？这在很大程度上要得益于小时候父亲对她在这方面的良好家教。从三岁起，父亲就为她请了演讲老师训练她的口才，在青少年时期，她的优秀口才就已经展现出来了。

　　我们国内的现状却是这样的：家长们对于如何培养孩子的学习兴趣、如何提高孩子的学习成绩、如何增加孩子的特长往往抱有很高的兴趣，但却很少有人在培养孩子的口才上下大工夫。有些天生"话多"的孩子往往还会受到父母的训斥，嫌他"喋喋不休，嘴巴一刻也停不下来"。

　　何以差距如此之大呢？

　　说起来这也不能全怪我们的家长，长期以来，我们的考试制度决定了写比说要重要。我们选择人才的方式从来都是通过一张试卷，只要下笔如有神，答好这一张试卷，考一个高分，实验小学进了，重点中学进了，名牌大学也进了。至于孩子的口头表达能力，与成绩没有半点关系。在这样的考试制度下，在这样的指挥棒下，哪个家长还会注重去培养孩子在大庭广众之下讲话的能力呢？

　　我们首先要意识到，口头表达能力的培养不仅是开发孩子的智力，更是为他将来在社会上立足打下基础，是应该引起家长的广泛重视的。那么，怎么培养孩子的自我表达能力呢？

　　首先，训练他在平时进行顺畅的自我表达。

　　俗话说："冰冻三尺，非一日之寒。"要让孩子在大庭广众之下也能做一次出色的演讲，先要引导孩子开口说话。很多孩子在成长中发现，家长对他们的身体语言十分敏感，比如孩子一指果盘，妈妈马上就拿来苹果；孩

磨砺篇

子一扭动屁股，奶奶马上放音乐；孩子一哭，各种玩具都摆到眼前了……

依依小的时候，不爱多说话，甚至该表达的也不愿意说全，用爸爸的话说就是"嘴有点懒"，但爸爸可不打算纵容她这样下去。当依依想要吃橘子时，惯常地喊离她最近的奶奶："奶奶，橘子！"并指了指茶几上空空的水果盘。爸爸赶紧拉住了正要去取橘子的奶奶，耳语了一番。依依发现大人们对她的身体语言虽然都心领神会了，但在爸爸的"挑唆"下都无动于衷，聪明的她知道这是要她把话说全，在此之前，爸爸已经对她进行过"警告"了。于是她清了清嗓子，说："奶奶，请您把橘子拿给我，好吗？谢谢！"奶奶眉开眼笑地去拿了。可见依依并不是不会说，她其实不光说得很好，还很懂礼貌。看依依肯配合地迈出这一步，爸爸也笑了。

在依依后来的成长中，爸爸一直十分注意培养依依勇敢讲话的能力，常常陪孩子一起看各类演讲的视频，鼓励孩子勇敢走上台在很多人的场所演讲，或者为了阐述自己的观点在众人面前即兴"来一段"。在爸爸的培养下，依依上初二时，已经当上了学校广播站的小站长。现在学校有大型活动都是她主持，她落落大方的表现深得老师和同学的喜爱。

其实大多数孩子都像依依一样，并不是不会说，而是在家长的宠溺下嘴巴变得懒了。要帮助孩子将"嘴懒"的毛病改过来。

其次，要帮助孩子撕掉"害羞"的面具。

"大庭广众"是个让孩子害怕的环境。孩子或许在家中或者自己熟悉的环境里表现得都很自然，甚至看他在家中的表现会断定他的性格是活泼开朗型，不要急着下结论，很可能这个孩子到了大庭广众之下会变得畏首畏尾、拘谨不安，并不能像在家里一样准确、清楚地表达自己。不要忽视孩子这种表现，长此以往，极有可能导致孩子自信心受挫，遇事不敢向前，而只是一味退缩。

要使孩子不再羞怯，最重要的是父母的态度。父母中普遍存在这样一种教育理念，就是拿自己孩子的短处与别的孩子的长处相比较，刺激孩子的羞耻心，以努力追赶。先不说这种教育理念的对错，有一点是可以肯定的，就是在这样的语言环境下成长起来的孩子往往羞怯而不懂表达。

在这一点上，西方人的做法与我们截然相反。在比尔·盖茨给自己的父母写的一封信中，有一段是这样写的："亲爱的爸爸妈妈，感谢你们，感谢你们即使在我不如别的孩子的时候仍然不曾说过我一句不如别人，而是热情地鼓励我，告诉我'孩子，你不比任何一个孩子差，相信自己，你是最棒的'！正是在你们这样的信任和鼓励下，我才有了百倍的自信去做我自己的事情，一步步走出了我辉煌的人生！"

可见，孩子的信心很大一部分是从父母那里得来的。如果一味地拿孩子的弱点刺激他，他不但无法建立自信，还容易陷入自卑的心理误区。这样的孩子如何能够面对大庭广众，精彩地、自如地发表演讲呢？

帮助孩子撕掉"害羞"的面具并不困难，家长要做的仅仅是发现孩子身上的闪光点，多几句赞美、多几个拥抱、多一些掌声。此外，还要多一些锻炼。经历很重要，要尽量多带孩子去见识大的场合，从小到大，让他渐渐适应，并能够沉着应对。

再次，正确对待"人来疯"孩子。

很多家长都有同样的经历：孩子平时很乖，但家里一来客人或者带孩子去了公共场合孩子就开始"发疯"。爸爸妈妈在陪客人聊天，孩子在客厅里撒泼，不是吵着要看电视就是闹着要吃东西。家长越是厉声制止，孩子越是闹得凶。碰到这种"人来疯"孩子，不仅家长难堪，客人也尴尬。

其实，家长完全不必对孩子的这个毛病感到忧头。爱"人来疯"，说明孩子喜欢与人交往，是性格开朗的外在表现之一。他们在人前要宝，是想要引起大家的注意，或者要博得客人的称赞。对这类孩子，要多加表扬，从表扬入手，在表扬的同时教给孩子与人相处的正确方法。比如，在得知有客人来时，给孩子灌输一些接待客人的礼貌，告诉他应该做一个懂礼貌、有教养的好孩子；在客人面前，主动给孩子一些表现的机会，让他背一首唐诗或者唱一首儿歌，当着客人的面表扬他；在与客人谈话需要孩子回避时，一定要先与孩子商量，征得孩子的同意后再让孩子回自己的房间，而不是粗鲁地把孩子赶到他的房间去。

 写给父亲的一封信

孩子优秀的口才不是一朝一夕就可以练成的，需要家长有耐心地、一点一点地引导和培养。在培养孩子口才的过程中，有一些附加能力的培养是有帮助作用的：

1. 培养孩子独立的能力。

父亲们常陷入的一个误区是万事替孩子做主，孩子在家基本是"衣来伸手，饭来张口"，这是万万不可的。你要多多放手让孩子自己做事，有了独立做事的机会，胆子才会慢慢变大，再将他推到众人面前时就不容易紧张。否则，孩子在家里习惯了万事依赖父母，走出家门就会变得事事胆怯，不敢说话，不敢发表意见。

2. 培养孩子与人交往的能力。

孩子小的时候，就要带他多去见人，无论是亲戚朋友还是陌生人，对孩子与人交往能力的培养都是有用的。当然，最好还是要多给孩子创造与同龄人相处的机会。在同龄人中，假如孩子能够多发表意见，对能力的培养很关键。鼓励孩子在大庭广众之下多多讲话，提前给孩子灌输大家都是友好和和善的，尽管发表自己的看法，没有关系。时间久了，孩子就会自觉地多说话，在众人面前也不再胆小怯懦了，与人交往的主观意愿也会增强。

3. 与孩子多玩情境型游戏。

做游戏是容易"俘虏"孩子的心的方式，假如给孩子创造与人交往的环境不方便时，家长可以鼓励孩子多玩一些情境型的游戏。比如，孩子喜欢布娃娃，就鼓励他多与布娃娃说话，把自己假设为某个角色，与布娃娃演一出戏；孩子如果喜欢唱歌，就多引导孩子唱歌，尽量多找家人来给孩子"捧场"，这样无形中就会增强孩子的信心，也会提高表现力。

 从名言中学教育：

古人云："一人之辩重于九鼎之宝，三尺之舌强于百万之师。"足以见得，一个人优秀口才甚至可以定国安邦。当然，我们不求每个孩子都有那么大的才能，但优秀的口才在孩子的生活和工作将起到的作用也是不容小觑的。培养孩子的口才，从鼓励他走到大庭广众之下做一次演讲开始吧！

47 在孩子成长的道路上给他制造一次困难

看到这一节的题目，您可能会感到很惊讶：我们的家长帮助孩子解决困难还来不及，恨不得把孩子遇到的所有困难都隔离掉，怎么可能在他成长的道路上制造困难呢？试着想一想，当孩子遇到困难了，你是不是马上跳出来，撑起爱的保护伞帮他遮风挡雨？孩子就是父母心尖上的肉，"帮孩子一把"的冲动往往怎么压也压不住，最终还是你替他品尝了困难，背着他走出了逆境。

我们来了解一下韩国的一位女性作家提出一种完全不同于我们的育儿法——狮子型育儿法。

何谓狮子型育儿法呢？大森林中险恶丛生，"森林之王"狮子深知如此，因此，当幼狮刚出生不久，父亲就会将它推下石岩，让它自己想办法回到父母身边。除非幼狮遇到生命危险了，否则它的父母是不会管它遇到多大的困难的。幼狮只有自己努力克服困难，找到回去的路。这就是它的父母要它面对的真实的世界。

这位女作家认为，目前韩国国内越来越严重的溺爱孩子的趋势将会毁掉一批孩子，使他们失去独立生活的能力。针对这种现象，她呼吁家长们采取狮子型育儿法，也就是放手让孩子自己去面对困难，解决困难。她认为逆境是锻炼孩子、有助于孩子成长的一种环境，不应该被父母们"自以为是"地屏蔽掉。对孩子的爱越深，就越应该对他放手。不自己去摸索，孩子永远都不会知道世界的真实模样。毕竟，人生不可能永远一帆风顺，逆境对每个人来说都不可避免，只是困难拦得住弱者，却阻挡不了强者的脚步。有的人因为买错了一双鞋而自杀，而有的人腿都没了却坚持跳舞。这就是人与人之间抗压性的差别。

在对孩子的教育中，抗压性是必须锻炼的一项能力。良好的抗压性对孩子的一生都会大有益处。人生无常，暴风雨常常无任何预兆地说来就来，而家长却无法一辈子守护孩子。因此，与其溺爱孩子到他遇到逆境时

磨砺篇

217

无法自保，不如从小让他体味各种逆境，训练出一个不怕任何困难的孩子。这样即使以后孩子拿到一副人生的坏牌，也能打出一场漂亮的翻身仗。

专家呼吁家长注重培养孩子的逆境智商，逆境智商指的是一个人面对逆境时所产生的反应能力。两个智商、情商都相差无几的人要争夺同一个高度，那么逆境智商将决定着他们的胜负。逆境智商高的孩子，走到哪里都能成功。心理学家证实，一个人成就的大小与智商的高低并不成绝对的正比，而与意志力、抗压性的大小成明显相关。也就是说，一个人只要智商和情商能达到普通人的水平，只要有高超的逆境智商，那么他将来成功的可能性是很大的。

有人专门做过这样的调查：如今功成名就的大企业家们在创业之初均经历了常人难以想象的艰辛，平均来看，每位企业家都要经历三次以上的失败才开创出自己的一片天地。也有极少数一次就成功的"幸运儿"，仍然是经历过不计其数的困境，才突破重围走到今天。

历史上的大人物就更不用说了。国父孙中山先生策划辛亥革命，经过了十次失败，终于在他锲而不舍的第十一次时才取得了大捷。爱迪生试验了1000根失败的金属丝，才发现了适合做灯丝的钨丝。但他是怎么看自己的"失败"的呢？他说："我没有失败，那一千次试验让我发现了有一千种材料不适合做灯丝。"面对逆境有着这样的精神，爱迪生怎么可能不成功呢？

而我们普通人呢？碰到一点困难就吓破了胆，裹足不前的比比皆是。让孩子受周围人的影响还是向成功人士学习，家长心里都有明确的答案，然而要做起来，真要放手随孩子自由去闯荡，家长的心又犹豫了。

不要担心孩子遇到失败，对于逆境智商高的人来说，失败是对经验的积累，每失败一次，经验就增加一些，人就聪明一些。家长应该看得更长远一些，把架在孩子头上的伞拿开，让他尝尝暴风雨的味道。被雨淋过的人，不会忘了出门随身带伞。孩子尝过了暴风雨，会找到属于自己的伞。而不让他淋雨，他永远也不会去寻自己的那把伞。如果不注意培养孩子逆境智商，那等他遇到挫折一定会马上退缩，即使不被暴风雨淋坏身体，也永远看不到暴风雨之后的彩虹。

写给父亲的一封信

人生遇到挫折就如同在牌局上拿到一副坏牌。作为父亲，要为孩子提前设想到这种可能发生的情况，并且及时提醒孩子打好手中的牌。父亲要注意避免以下几个心理误区：

1. 总是低估孩子的能力。

针对这一点，父亲们可以去看一些关于孩子各个年龄段发展水平的理论书籍。现在这方面的理论已经基本成熟，业界众专家观点也大同小异。比如孩子在九个月时就应该会说"你好""再见"等基本的礼貌用语了；1岁零3个月的时候应该会自己脱袜子了；两岁时就应该懂得帮妈妈擦桌子了……这些数据是有参考价值的，不要认为孩子什么事情都不会做，甚至把他们圈起来，也不要在他做错了事时一而再再而三地责备。

不要低估孩子的能力，要鼓励他去尝试。在遇到困难时，更要鼓励他积极去面对。只有准确把握孩子的能力，才能知道什么时候该让他去做哪些事情，不至于太过，又不至于太娇惯。

2. 在孩子面前表现不佳。

要教育孩子面对困难时坚强不退缩，首先自己要做到这一点。这个要求包括两层含义：一层是父亲在遇到困难时表现出懦弱，畏缩不前，这会间接地影响孩子面对困难的态度，因此父亲必须将自己的心态摆正，不允许自己打退堂鼓；另一层含义是，当孩子遇到困难时，父亲往往没有耐心等孩子自己找到解决问题的办法，或者心疼孩子跌倒，于是往往说："算了，还是我来帮你吧！"这会直接影响孩子，使得孩子一遇到困难就回家找爸爸妈妈，自己没有一点主意。这两种表现都是不佳的表现，是值得为人父母者注意的。

3. 不能为孩子准备足够的经验。

孩子的任何一种成熟的行为都是由经验累积起来的，要孩子在面对困难时镇定以对，父亲首先要帮他积累足够的经验。如果没有经验可言，那么孩子对于困难就处于一种茫然的境地，要他往前迈步也是盲目的。从孩子小时候开始，每次帮助他，不要帮过就算，而是要告诉他你是怎么做

磨砺篇

的,下次再碰到类似的事情让他自己学着做。反之,如果父亲在引导孩子时告诉他遇到困难就逃避和放弃,这也是一种经验,只是这种经验会给孩子带来不良的影响,致使孩子一遇到困难就想要请别人帮忙。

父亲要为孩子提供尝试的机会,也要允许孩子犯错误,这样积累的经验总比凡事替孩子做要好。当孩子面对困难表现出主动承担的态度时,父亲要大力称赞,以便他受到鼓励,养成习惯。当孩子在应对困难坚持不下去的时候,父亲要不断地在旁边为他加油打气,告诉他困难只是暂时的,只要有信心和勇气,一切都会过去。

 从名言中学教育:

> 犹太资本家哈默说:"一个人要有所成就,能担当大任,首先必须经得起磨难,能接受各种考验,形成坚强的意志和百折不挠的性格。"孩子成长的路上,请你不要一味地将他托高再托高,偶尔也让他尝尝掉到地上的滋味。

48

带孩子去看一场残疾人运动会

有这样一个人，小时候因为患有严重的小儿麻痹症，只能靠一个四条腿的板凳来支撑着走路。他非常希望自己能好起来，像其他健康的孩子一样。为了这个简单的愿望，他只能不停地做手术。每一次手术都非常痛苦，以致他的爸爸妈妈都劝他不要再做了，他们准备养他一辈子。

然而他却坚定地说："不行，爸爸您让我做吧，只要这条病腿能好起来，多么痛苦我都不怕。"就这样，经过五次手术后，他终于可以拄着双拐走路了。为了能让自己恢复得更快，他拄着双拐就去练习篮球。运动对他来说无疑又是一场漫长的手术。在自己亲手布置的"手术台"上，他的意志越来越坚强。一天天下来，他能用双腿走路了，他走得更稳了，他能跑了，他跑得更快了……

在人生的道路上，他一样这样磨炼自己，让自己越来越强，攀上了一座又一座的高峰。受父亲影响和熏陶，他多年从事影视表演艺术事业，主演了十多部优秀的话剧、电视剧、电影作品，以其精湛的表演功底赢得了全国广大观众的喜爱，而且他还关注公益事业，热心扶贫济难，被评为德艺双馨的艺术家。

这个孩子就是濮存昕。

命运险些让濮存昕变成一个残疾人，但他用拼搏和毅力赢得了与命运的比赛，让自己站了起来，并且站得比普通人更高、更稳。

现在的孩子自小养尊处优，缺的就是坚韧不拔的劲头。你是否也常常无奈，无论怎么跟孩子强调不畏挫折、勇于拼搏的重要性，他总是没有耐心听。也难怪，孩子的生活中本来就没有什么挫折，仅仅是口头上的说教，没有形象的、具体的示范或榜样，孩子怎么会深入地理解和接受这些理论呢？要想让孩子体会并养成勇于拼搏的精神，有

磨砺篇

221

一个直观的办法——带他去看一场残疾人运动会。

残疾人运动会是一个专为残疾人而设置的大舞台，供他们在台上竞技，以奖杯和荣耀为奖励。残疾人运动员们凭着顽强的精神，在场上展示自己的能力，为着自己的目标而拼搏。看过残疾人运动会的人说，他们倒不像是在比赛，而更像在与命运作抗争。

带孩子去看残疾人运动会，要看的是什么呢？

对于残缺的美，转变看法

我们常人往往习惯了自己的健康，习惯了残疾人与我们的不同，习惯了对他们冷漠的心态。而对孩子来说，因为生活中很少见到残疾人，因此在路上碰到残疾人时，往往将对方视为异类，觉得他怎么少了一根胳膊，她怎么残了一只腿，他们是丑陋的人，与自己是不一样的。这时候，家长们用说教的方式来告诉孩子不可以歧视残疾人，往往作用不大。因为孩子在心底里仍然认为残疾人的残缺不全是一种丑态，残疾人身上残疾的存在感让孩子难以自然而然地不对他们"另眼相看"。然而在残疾人运动会的观众席上，你却不得不对他们充满敬仰，他们所展现出来的力量之美是多么震撼人心！

感受勇猛的力，感受震撼

残疾人运动员表现出的力量是令人震撼的。当看到连我们正常人都难以完成的动作他们却完成得如此完美时，我们怎能不惊叹？残疾人运动会上，观众常常看得热泪盈眶。因为每一道力量都凝聚着血汗，都是用高于常人的勇力和毅力练就的。换一句话说，场上的健儿们是在用生命在拼搏。让孩子去感受这种震撼，体味不同寻常的成功背后沉重的付出。

有时候，道理不管用，宠溺不管用，但震撼能管用。因为震撼是直接作用于孩子的心灵的。心灵的震撼可能会带来行动上前所未有的改变。相信孩子的心是柔软的，会被残疾人身上的力量之美深深地震撼。

体味顽强的精神，向他们学习

当孩子看到残疾人在赛场上顽强拼搏时，一定会为这种超越自我、挑战极限的精神所感动。家长要让孩子看到的正是这种精神，这是残疾人运动会的精华所在。这些勇敢的健将们鼓舞着孩子们：无论在生活中出现多大的障碍，都要树立起信心，勇敢地走下去，实现自己的人生价值。

翻开历史的长卷，人类的运动会场上有不少身残志坚、勇争第一的运动健将。从狱中泣血成书的史学家司马迁，到双耳失聪仍坚持创作的音乐家贝多芬，再到被誉为"当代保尔"的张海迪，他们都遭遇了常人难以想象的噩运，却凭着自己的一腔热血，奋勇与命运作斗争，最终谱写出了自己人生的雄壮篇章，人类的运动场上响起了专门为他们而奏的胜利之歌。

不要刻意流露出同情

2010 年广州亚残运会开幕式上，点燃圣火台上主火炬的火炬手叫张海原和张立新。这两位残疾人运动员以攀岩接力的方式登上圣火台的步伐，展示了不屈的意志。

张海原是一位对生活充满热情的姑娘，她不幸因为车祸而失去了左腿。有一位记者是这样描述与张海原的第一次见面的。第一次采访她恰逢她去参加"秘密排练"了，于是记者等在火炬手下榻的酒店大堂咖啡厅里。一看到张海原进来，因为有两级阶梯，记者马上上前一步，准备帮海原一把。海原摆摆手："谢谢，我可以的！"

略显尴尬的记者突然不知道如何导入话题了，呆在那里，还是海原说了一句："我的左腿是因为车祸失去的。"轻轻的一句话，单刀直入，瞬间化解了记者的采访危机。于是一整节采访都进行得非常顺利，海原同记者从进入运动队的详细情况一直聊到如何被选为火炬手，从训练的辛苦聊到感情生活。海原让这位记者觉得，残疾人没有那么多忌讳，他们亲切得就像你的邻居。付出了那么多，他们理应得到生活运动会的奖章！

在与孩子一起观看残疾人运动会时，要提醒他不要刻意流露出同情。不光是在作为观众时不要抱有这种态度，在平常生活中也不可取。关爱残疾人是对的，要把握好关爱的度并不容易。

人们往往以抱有一颗同情心为由，方方面面细致地照顾残疾人，疏忽了对其心理的体贴。其实在残疾人心中，他们与正常人是一样的，正常人能做到的，他们也都在努力去做。社会的同情对他们来说是一种伤害。

总之，对这个群体，人们应该给予的是尊重和理解，而不是同情和怜悯。如何适当地呵护才不致对他们造成心理伤害呢？最好的关怀是不露痕迹地照顾、温暖他们，又不致将他们脆弱的心灵灼伤。

写给父亲的一封信

带孩子去看残疾人运动会，可不是让孩子单单看个热闹，而是要让他从中看到坚忍不拔的精神。有一些注意事项需要父亲们加以留心：

出发前，给孩子打足预防针。

孩子以前的生活中可能从没出现过残疾人，因此建议父亲在临带孩子去观看比赛前，一定要跟孩子打好招呼，告诉他残疾人与正常人形态上的不同；到了赛场上，要认真观看比赛，遵守观众席秩序，不可喧哗吵闹；运动员出场时不可对他们的体型进行攻击性的评价。残疾人都有一颗敏感的心，提醒孩子要小心呵护和关爱他们。告诉孩子，认真观看比赛，对他们的成绩报以热烈的掌声和欢呼，是对残疾人运动员们最大的尊重。

观看完，与孩子交流感受。

带孩子看残疾人运动会，不要看过就算了，一定要在看完后跟他交流感受。如果孩子能提出自己的见解和受触动的地方，比如："残疾人叔叔阿姨们太坚强了，我一定要向他们学习，遇到困难时决不低头！"这时家长要给予表扬，并鼓励他按照自己的想法去实践。相反，如果孩子仅仅受到了震撼但尚未总结出有何感受时，可以适当地点拨一下，说一下自己的心理感受，一点点引导孩子表达自己。

总之，带孩子去观看一场残疾人运动会，是一种特殊形式的教育。这堂课一定会令孩子受益匪浅。

从名言中学教育：

伟大的思想教育家马克思说过一句非常经典的话："生活就像海洋，只有意志坚强的人，才能到达彼岸。"虽然父亲努力保证孩子的生活中没有什么挫折，但坚强的意志是孩子在今后的人生之路中不可缺少的品质。带孩子去看一场残疾人运动会吧，让他去感受那顽强的生命的绽放！

磨砺篇

49

带孩子去农村参加一次义务劳动

对从小生活在城市里的孩子来说，农村的一切都是陌生的。他们没见过农民伯伯"汗滴禾下土"的辛苦，自然无法理解劳动的价值，更不理解劳动人民的伟大。

农民是我们的衣食父母，跟其他职业一样都值得我们尊敬。农民用朴实的双手养育着我们一代又一代的人，而现实中却有很多孩子看不起农民，不屑于劳动。让孩子去农村亲自体验一下劳动，等于给他上了一节意义深远的课。

暑假到了，欣欣的爸爸带她回了农村老家。欣欣从出生到现在7岁了，还从来没回过老家呢！一踏上东北的黑土地，欣欣就兴奋起来：一望无际的大草原、湛蓝湛蓝的天空、偶尔经过的马、牛、羊，这些她在城市里哪能见得到啊？

到了家里，爸爸马上就带欣欣去自家后院的菜地转了起来。正好有西红柿熟透了，爸爸顺手摘下两个来，拿手擦了擦，一个递给欣欣一个自己啃了起来。欣欣睁大眼睛，说："爸爸，怎么可以不洗就往嘴里送呢？"爸爸笑了："咱家里自种的菜啊，都不上化肥、不打农药的，绿色无污染，比你妈妈在家里洗过的都要干净，摘下来就可以吃的。"可不是正如爸爸所说么，这一园子的菜，红的绿的，都透出生机勃勃。农家人在自己的家门口种一点，就够自己吃了，都不用上街买。再加上农村人心地朴实，有人家种了稀罕的品种，常常分与左邻右舍尝鲜。

第二天，爸爸带欣欣跟着二叔下地干活。大田里的西红柿也熟了，叔叔要去摘下来卖到城里。爸爸笑着问欣欣："怎么样？你这双小嫩手能帮二叔多少忙？"开始欣欣还觉得不以为然，心想不就是摘西红柿么，手一揪就下来了呗，于是戴上遮阳的小苇笠就雄赳赳气昂昂地出门了。谁知才干了一会儿，欣欣就累得腰酸背疼了。天空中太阳炙烤着大地，别看这里是北国，太阳可毫不留情，一点也不比北京凉快。二叔憨憨地笑着劝欣欣回去，但欣欣为了跟爸爸赌气，就是不服输，二叔就又摇着头笑。突然，欣欣大喊了一声，带着哭音。原来是小手被什么叶子划破了。二叔心疼坏了，赶紧叫爸爸带着欢欢回去了。

这次暑假之旅让欣欣学到了很多。回程的路上，爸爸的心里也在打着"小九九"：欣欣现在毕竟还小，又是女孩子，干不了多少活，等欣欣长大了，一定要多带她回农村老家，不仅是为了体验生活、培养艰苦朴素的精神，更希望孩子能学到农村人朴实的性格，对农民多一些尊重，将来能够投身到人民大众中，实现自己的价值。

从欣欣爸爸的教育方法上我们学到了带孩子去农村走走转转，让他亲身体验一次干农活的辛苦。这一举动的意义可大着呢。

1. 给孩子灌输了劳动最光荣的观念。

孩子会在课本上学到："劳动是人类区别于其他动物的本质特征。"老师会跟孩子讲："劳动不但创造了世界，还创造了人类。"家长也常常跟孩子强调要珍惜别人的劳动果实，碗中的饭要吃干净，水龙头要及时关……但这些口头的教育永远比不过让孩子亲眼见见劳动人民在田间地头的挥汗如雨，让他亲眼看看农夫农妇散发着泥土芬芳的淳朴笑容，让他尝尝地道的少盐少油的农家菜，让他跟农民的儿子交个朋友……去一趟农村，孩子自己就能明白劳动的光荣和伟大。

2. 培养了孩子远大的理想和踏实的作风。

看到了农民的苦累，一定会激发孩子努力学习、报效祖国的远大理想。而要实现理想，就要脚踏实地地从小事做起。孩子没有远大理想是不行的，但空有一腔热血却不愿付诸实践也是不可取的。让他看一看最脚踏实地的劳动，学习农民伯伯那种不怕苦不怕累地从土地里刨食吃的韧劲和坚强，会助他成就自己的梦想。

3. 培养了孩子的劳动自觉性。

劳动自觉性很大一部分要靠孩子的顿悟，不是家长逼迫就能形成的。很多城市中的孩子到了农村，看到农民伯伯种田的辛苦，会自然而然联想到自己的父母；看到农家孩子的懂事和当家，会自惭形秽，意识到自己以往"衣来伸手、饭来张口"的不妥，从而燃起帮助父母做家务、为父母分

磨砺篇

担忧愁等的渴望，回来以后变得异常主动，很有劳动自觉性。

4. 促使孩子对劳动产生浓厚兴趣。

孩子不爱劳动，最本质的原因是对劳动没有兴趣。在他们眼里，劳动是辛苦的，而且也是不美丽的。对劳动产生不了兴趣，孩子自然就不会主动去劳动。

带孩子去农村，鼓励他积极参加劳动，并对他的劳动提出表扬，即使孩子的劳动结果并不如意，比如插秧时插斜了，收麦子时掉得满地都是，摘葡萄把还没成熟的也摘下来了，但也不要对他轻易否定。轻易否定孩子的劳动，只会使他从此对劳动产生畏惧感，视劳动为一种负担，像作业一样做错了也会受到惩罚，影响十分消极。

家长要做的是耐心地帮助孩子分析出错的原因，并告诉他这样做的后果，然后手把手地帮助他改正，这样就保护了孩子的劳动积极性，提高了劳动兴趣。

5. 培养了孩子的劳动习惯。

劳动习惯的重要性人皆知之，养成良好的劳动习惯，利于孩子独立能力的形成。带孩子去一趟农村，参加义务劳动的同时，他会看到农村的同龄人的生活。与自己相比，他们的生活很苦很累，但却从不言说。农村孩子的自理能力比城里孩子高得多，不管到了什么样的环境中，他们都能照顾好自己，这得益于他们良好的劳动习惯。孩子自然会向他们学习，主动承担一些自己力所能及的家务劳动，久而久之，也就会培养起良好的习惯。

 写给父亲的一封信

带孩子去农村参加义务劳动，说起来容易，却常常由于各种原因而无法实现。其实在日常生活中锻炼他热爱劳动品质的方法还有很多。

1. 巧妙利用最佳时机。

其实孩子若是按照自己的成长轨迹自我发展的话，是愿意做事的，热爱劳动的品质也可以自然形成，但正是很多父亲不懂得这一点，破坏了孩子的积极性。

你可以试想，孩子刚开始学走路时是不是不喜欢让大人抱着，总是挣扎着下地跑？孩子刚开始学着自己吃饭时，是不是不愿意让大人喂，哪怕弄得满桌都是也想要"自给自足"？孩子刚从学校听了老师的话，兴冲冲地回家要做饭给你们吃，你是否把撸起袖子的他赶出了厨房？这些时候正是孩子最有欲望要学习做家务的时候，却被家长以关爱之名打消了积极性。

你要做的不是怕他跌倒而抱着他，怕他吃不饱而喂他饭，怕他受累而不让他学做饭。这时候，只要告诉他方法，让他去尝试，成功了由他享受喜悦，失败了随他吸取教训，这才是最正确地利用了孩子想要学习、想要劳动的好时机。

2. 与游戏结合的劳动。

对孩子来说，游戏就是他的天堂。利用他的这个心理，不妨将做家务变成游戏，来吸引孩子的加入。孩子玩完游戏后的屋子一片狼藉，玩具横七竖八地堆在地上，这时候训斥他或者强迫他把玩具收起来是没有用的，反而可能招来一顿大哭。

聪明的家长会把孩子叫过来，跟他说："玩具宝宝们玩累了，都睡着了。可是在这里睡会着凉的，请你把他们送回家，好吗？"这时候孩子马上就会兴奋起来，觉得游戏好像还在继续。开饭了，想请孩子帮忙端个菜也要动一番脑筋。你可以跟他说："看我们的厨师在厨房里忙得多累呀，小服务员同志，请你把厨师炒好的菜端出来，好吗？爷爷奶奶等顾客们已经等不及了。"

类似于这样的与游戏结合起来的劳动，孩子不光喜欢玩，还会玩上瘾呢。下次，他自己就会记得在上菜时自己的服务员角色了。

3. 莫舍不得让孩子参与劳动。

"孩子小，什么也干不了"，这是存在于众多家长脑海中的一个错误观念。舍不得让孩子做家务，事事代劳，久而久之，孩子就会真的以为这些劳动不是自己分内的事。这不光是家务的问题，很多孩子在这样的环境中成长起来，连自己都无法照顾。因此，家长一定要舍得让孩子去锻炼。不要将劳动想成多么痛苦的事情，这和学习一样，不过是孩子必须具备的一种能力。

4. 熟能生巧。

在孩子平时做家务时，由于边学边做，一开始肯定做得不够完美。很

229

多家长是急脾气，或者由于赶着上班，顺手就抢过孩子手中的活计，三下五除二就做完了。家长没有耐心，不给孩子锻炼的机会，孩子不够"熟"，怎么能"生巧"呢？对孩子多一些耐心，找空闲的时间多教孩子几遍，孩子自然就会熟练的。

★ **从名言中学教育：**

　　苏联无产阶级作家高尔基曾经说："我们世界上最美好的东西，都是由劳动、由人的聪明的手创造出来的。"带孩子去农村参加一次义务劳动，不仅是要让他吃点苦受点累，更是要培养他热爱劳动、热爱劳动人民的美好感情。

50

带孩子去一次山区的希望小学

涛涛的爸爸在教育孩子上很有自己的一套。在涛涛要念小学前，爸爸坚持要带他去一趟山区的希望小学。下了车在上山的路上，涛涛兴奋得很，他从没见过这般美景。花蝴蝶不怕人，直接落在爸爸的肩上。涛涛问爸爸："那山区里的希望小学该有多好啊？爸爸你能送我去那儿上学吗？"爸爸笑了，不说什么，只催涛涛快走。

走了半天的山路，涛涛累得气喘吁吁的时候，才到爸爸小时候待过的小山村。看着稀稀落落的小土房，涛涛惊呆了。他见过最破的地方也不过是城市里的棚户区，然而这里似乎比那里更落后。

爸爸带着他去小学的路上，跟他讲："在我小的时候，这里还没有小学，这座小学是后来由好心人捐建的。"说着，学校就到眼前了，一间破败的小民房，爸爸说这房子还是村委会办公室和学校两用。为了保证孩子们的学习，村委会将所有的会议都改到了晚上。

听到朗朗的读书声，涛涛抬脚往教室走去。屋子里，只有黑板还像样，是刚刚有人捐献的。孩子们用的桌子是几块石头垒起来的，椅子也是一块石头。条件好一些的会往桌椅上铺一块布，连桌布也扯不起的就直接在石头上学习。

在这样冷的冬天，孩子们露在外面的小手一个个都遍布着冻疮。但是孩子们学习的精神头却足得惊人。涛涛和爸爸就站在门口往里张望，没有一个孩子看他们一眼。

应涛涛的请求，爸爸为他在希望小学的学生中结了一个对子，那个孩子名叫狗蛋。涛涛说，以后狗蛋的书本费用都从自己的零用钱里出，在有时间的时候涛涛还会过来与狗蛋切磋学习。

在回来的路上，涛涛哭了，像突然懂事了似的，跟爸爸说："爸，我以前跟小朋友攀比文具和玩具，我错了。以后我要攒钱，尽我的能力给希望小学捐款。"爸爸笑了，他知道自己的教育目的达到了，搂过儿子说：

磨砺篇

"最重要的是要好好学习，长大了才更有能力建立更多的希望小学，帮助更多的渴望有学可上的儿童。要知道，像这样的大山太多了，像这样的孩子也太多了。"

你曾带孩子去过山区里的希望小学吗？见过那里的孩子们的学习条件吗？如果你曾亲眼见过那里孩子们的教室、孩子们用的桌椅、孩子们手中的书，曾亲眼看到过孩子们渴望的眼神，你就会觉得带孩子去看一看很有必要。

跟孩子一起走在路上的时候，可能他还对去希望小学的事怀着一颗兴奋的心，想着要去体验与自己学校不同的环境、体会在山区学习的乐趣。但是当他到了以后就会明白，那不是乐趣，而是受苦。可是在那么苦的环境里，孩子们还是觉得简直就是在天堂，因为他们太渴望念书了，太渴望上大学了。就在那样破墙烂瓦的教室里，走出了多少优秀的大学生；就是那一级一级传下去的课本，被多少双年轻有为的手摸过；就是那些衣不蔽体、食难果腹的孩子，将"贫贱不能移"的品性继承了下去，最终走出了大山，回报了乡亲。

而我们的孩子的生活环境是什么样的？由于物质刺激越来越普遍，孩子也在要求越来越高的消费，孩子的生活也随着家长走上了奢侈化。穿衣服动则耐克、阿迪达斯，吃东西非进口的不吃，上百元的文具盒、上千元的书包在学生中并不少见。看到这些商品的价格人人咋舌，但它们却并非有价无市，而是在六一儿童节或者期末考试孩子考了好成绩时，被作为奖励以"合理"的身份送给孩子。

可是这样做的结果家长们想过吗？家长尚且不能用足够的理性去面对财富的诱惑，何况孩子，他们只会被动接受财富带给自己的全部影响，而这种影响必然包括贵重物品带给他们的被尊重感，但傲慢、以自我为中心的性格的形成则占更大的比重。因此，这样的做法会导致在孩子们中形成互相攀比的不良风气。事实也确实是这样，在学生中，正悄然形成一种"夸富"的风气。

带孩子亲眼看看山区的希望小学，胜过在家一遍遍地对他说教："孩子，要好好学习，将来做有用之才。"也胜过在孩子不听话的时候，跟他埋怨："我们提供给你的条件已经够好了，你怎么就不懂得珍惜呢？"

有很多小学都组织过参观希望小学的活动，结果发现，孩子们从山区回来后，无论是学习的用功程度还是在家中的懂事程度都提高了许多。说教永远都比不了让孩子亲眼见识。

 ## 写给父亲的一封信

带孩子去走一走山区里的希望小学，无非是要让孩子明白自己身在福中，而且要让他知道要对他人施以关爱。除了去希望小学之外，在这里再为父亲们支几招：

1. 面对孩子要适当"自私"一些。

天下父母对孩子无不是无私到了极致，但教育专家却警告父母们，要坚持"健康的利己主义"。在面对孩子时，虽然要让孩子明白爸爸妈妈是爱他的，但是同时要将自己的需要与孩子的需要摆在同等重要的位置，不能让孩子觉得自己在家中有特权。要做到这种般"狠心"，对母亲们来说或许比较困难，因此父亲要唱好这出戏，面对孩子"自私"一些。只有这样，孩子才不会从小就丧失爱人之心。

要在日常生活中多为孩子创造关爱他人的机会。当你给孩子夹一筷子菜时，同时要提醒他也给奶奶夹一下；带孩子去社会福利院的时候，要请孩子多陪孤寡老人聊天。生活中可关爱他人的地方很多，需要父亲多观察、多提醒。

2. 教孩子学会承受挫折。

孩子不可能一直生活在父母的怀抱中，总要走出家门、面对挫折。让孩子提前承受一些挫折能够达到让孩子见识希望小学的艰苦学习环境同样的目的。

拿孩子摔倒做例子，父亲大多会做的是马上向他伸出援手，一边抱起来一边哄："宝贝不哭不哭，都怪地板太硬了！"试想这样的孩子一遇挫折是不是就立刻趴下了？在希望小学那样的环境里会走出这么娇惯的孩子吗？不会，他们之所以优秀与这一点也不无关系。那么，到底怎么处理才是正确的做法呢？

首先，告诉他摔倒了、腿被碰破皮了是不可改变的事实，哭是没有用的。告诉他，在哪里摔倒，就要自己从哪里爬起来，不要妄想有人会去扶他一把。其次，帮他分析为什么会摔倒，是因为地板太滑，还是因为自己只顾慌慌张张地跑没有注意脚底。再次，总结出结论，就是下次要一步一步扎实地走才不会再摔倒。

★ **从名言中学教育：**

　　现代物理学奠基人爱因斯坦说过："能照亮我的道路，并且不断地给我新的勇气去愉快地正视生活的理想，是善、美和真。"带孩子去看一看山区希望小学孩子们的学习环境，让他体会到自己的福气，从艰苦中看到真、善、美，也培养真、善、美。